EUGÈNE MANUEL

POÉSIES COMPLÈTES

AUGMENTÉES DE PIÈCES INÉDITES

ORNÉES D'UN PORTRAIT DE L'AUTEUR
PAR LÉOPOLD FLAMENG

II

POÈMES POPULAIRES
PENDANT LA GUERRE — APRÈS LA GUERRE

PARIS
CALMANN LÉVY, ÉDITEUR

1899

POÉSIES COMPLÈTES

II

POÈMES POPULAIRES
PENDANT LA GUERRE — APRÈS LA GUERRE

CALMANN LÉVY, ÉDITEUR

DU MÊME AUTEUR

POÉSIE

PAGES INTIMES, poésies, ouvrage couronné par l'Académie française, 11ᵉ édition. 1 vol. grand in-18.........	3 50
POÈMES POPULAIRES, ouvrage couronné par l'Académie française, 17ᵉ édition. 1 vol. grand in-18.........	3 50
EN VOYAGE, poésies, 4ᵉ édition. 1 vol. grand in-18.....	3 50
PENDANT LA GUERRE, poésies, 12ᵉ édition. 1 vol. grand in-18...	3 50

POÉSIES DU FOYER ET DE L'ÉCOLE :

Édition in-12. 19ᵉ édit. Prix : broché, 2 fr.; cartonné....	2 »
Édition in-8, avec un portrait de l'auteur par FLAMENG. Prix : broché, 6 fr.; reliure spéciale.................	8 »
Édition de luxe, grand in-8, avec un portrait de l'auteur par FLAMENG et des illustrations par MUCHA. (Paris, Librairie centrale des Beaux-Arts et chez Calmann Lévy.) Prix : broché, 8 fr.; relié...................	11 »

THÉÂTRE

LES OUVRIERS, drame en un acte, en vers, représenté sur le Théâtre-Français, ouvrage couronné par l'Académie française, 14ᵉ édition, grand in-18..............	1 50
L'ABSENT, drame en un acte, en vers, représenté sur le Théâtre-Français, 8ᵉ édition, grand in-18..............	1 50
POUR LES BLESSÉS, scène dramatique, en vers, représentée sur le Théâtre-Français, 3ᵉ édition, in-8............	» 50

Coulommiers. — Imp. PAUL BRODARD. — 242-97.

EUGÈNE MANUEL

POÉSIES COMPLÈTES

AUGMENTÉES DE PIÈCES INÉDITES

ET ORNÉES D'UN PORTRAIT DE L'AUTEUR
PAR LÉOPOLD FLAMENG

II

POÈMES POPULAIRES
PENDANT LA GUERRE — APRÈS LA GUERRE

PARIS
CALMANN LÉVY, ÉDITEUR
3, RUE AUBER, 3

1899

Droits de reproduction et de traduction réservés pour tous les pays,
y compris la Hollande, la Suède et la Norvège.

I

Poèmes populaires

AVERTISSEMENT

DE LA PREMIÈRE ÉDITION

Le volume de vers que nous présentons au public était achevé et presque entièrement imprimé au mois de juillet 1870. En présence des événements qui ont suivi, nous ne pouvions songer à le publier. Nous le donnons aujourd'hui tel qu'il devait paraître, sans en rien retrancher, sans y rien ajouter.

Nous aurions lieu de regretter seulement de ne pas nous être hâté davantage. La plupart des morceaux qui composent ce recueil ont été écrits, comme on pourra s'en convaincre, depuis plusieurs années; quelques-uns doivent à l'incomparable interprétation d'artistes d'élite, que nous nous plaisons à remercier ici, une sorte de publicité anticipée, qui en pourrait, au besoin, fixer ou confirmer la date.

Il y avait peut-être, avant la crise que nous venons de traverser, plus de hardiesse et une sorte de prévision à poser même un doigt timide sur quelques-unes de nos plaies sociales, et à réclamer résolument pour la poésie un rôle qui, du reste, ne lui est plus contesté désormais.

Même après la guerre étrangère et la guerre civile, après une année qui a fait vieillir tant de choses, qui en a rajeuni tant d'autres, et qui, sur presque tous les points, a si violemment déplacé les préoccupations publiques et particulières, nous espérons que ces *Poëmes populaires* n'auront rien perdu de leur opportunité.

Nous admirons autant que personne cette grande poésie qu'on pourrait appeler désintéressée, qui, détachant le lecteur des sollicitudes contemporaines, le transporte dans le monde éternellement beau de la rêverie pure, lui donne des jouissances d'un ordre presque abstrait, où la réalité de chaque jour, souvent vulgaire, affligeante, brutale, n'a rien à voir, où l'art le plus exquis s'alimente de sa propre substance, et demeure son unique fin. Les poètes, sans doute, ont le droit de ne point dater leurs œuvres ; ils dominent parfois le temps et l'espace d'assez haut pour n'être plus que les échos de l'humanité tout entière, répercutés d'âge en âge.

Aujourd'hui cependant d'autres devoirs s'imposent aux poètes, et sans qu'il soit nécessaire de leur attribuer une mission spéciale, qui pèserait à la modestie de quelques-uns, il est permis d'affirmer que la poésie, comme le théâtre, a une tâche à remplir ; qu'elle doit, de plus en plus, dans ses peintures, être de son temps, s'associer à cette recherche ardente des problèmes de la vie moderne, et ne pas craindre de se hasarder plus avant et plus bas dans l'expression des idées, des passions et des souffrances qui agitent la société démocratique.

Oui, la pauvreté, l'ignorance, le travail pénible, le vice dégradant, l'héroïsme obscur, toutes les inégalités, toutes les détresses et toutes les résignations, voilà le thème de cette poésie nouvelle, où ne manqueront, aux mains de plus habiles, ni les vives images, ni les émotions poignantes, ni les grâces inattendues, ni les puissants contrastes d'ombre et de lumière, ni les sévères enseignements.

Nouvelle, c'est beaucoup dire. Les poètes français ou étrangers n'ont pas attendu ce jour pour emprunter des sujets à la vérité populaire, et jeter même un coup d'œil dans ce gouffre dont l'éclair des révolutions permet seul de mesurer la profondeur. Mais ce qui n'était chez la plupart qu'une inspiration passagère, et, chez deux ou trois, que la prescience du génie, peut devenir définitivement une des grandes voies de la poésie contemporaine.

C'est dans cette voie que nous avons essayé d'entrer : nous avons cherché à saisir, dans les destinées des humbles et des petits, la poésie cachée ; nous l'avons trouvée peut-être sur les grands chemins, dans les rues, dans les ateliers, les taudis et les hospices, et aussi dans le fond ténébreux de ces consciences qui n'ont pas encore pris pleine possession d'elles-mêmes. Nous avons écouté les battements de notre cœur, quand une de ces misères trop oubliées s'offrait à nos yeux ; nous avons voulu attester, sous une des formes qui ont nos préférences, des émotions sincères où l'esprit de parti n'a rien à voir ; nous avons obéi à cette voix secrète qui nous disait obstinément : « C'est par là qu'il faut aller ! » et nous nous sommes mis en route avant d'autres, comptant bien que nous serions rejoint par de plus jeunes qui déjà nous suivent, mais prêt à nous arrêter sans regret pour les regarder passer.

Octobre 1871.

I

LA ROBE

A MON AMI C. COQUELIN,
De la Comédie-Française.

Dans l'étroite mansarde où glisse un jour douteux
La femme et le mari se querellaient tous deux.
Il avait, le matin, dormi, cuvant l'ivresse,
Et s'éveillait, brutal, mécontent, sans caresse,
Le regard terne encore, et le geste alourdi,
Quand l'honnête ouvrier se repose, à midi.
Il avait faim; sa femme avait oublié l'heure;
Tout n'était que désordre aussi dans sa demeure :
Car le coupable, usant d'un stupide détour,
S'empresse d'accuser, pour s'absoudre à son tour!
« Qu'as-tu fait? d'où viens-tu? réponds-moi. Je soupçonne
Une femme qui sort et toujours m'abandonne.
— J'ai cherché du travail : car, tandis que tu bois,
Il faut du pain pour vivre, et s'il gèle, du bois.

— Je fais ce que je veux.

      — Donc je ferai de même !
— J'aime ce qui me plaît.

      — Moi, j'aimerai qui m'aime !
— Misérable !... »

    Et soudain, des injures, des cris,
Tout ce que la misère inspire aux cœurs aigris ;
Avec des mots affreux mille blessures vives ;
Les regrets du passé, les mornes perspectives,
Et l'amer souvenir d'un grand bonheur détruit.

Mais l'homme, tout à coup :

      « A quoi bon tout ce bruit ?
J'en suis las ! Tous les jours, c'est dispute nouvelle,
Et c'est par trop souvent me rompre la cervelle.
Beau ménage vraiment que le nôtre, après tout !
Je prends, à vivre ainsi, l'existence en dégoût.
Rien ne m'attire plus dans cette chambre sombre
Où la chance est mauvaise, où des malheurs sans nombre
M'ont accablé. »

   La femme aussitôt : « Je t'entends.
Eh bien, séparons-nous ! D'ailleurs, voilà longtemps
Que nous nous menaçons.

     — C'est juste !

      —En conscience

J'ai déjà trop tardé.
    — J'eus trop de patience.
Une vie impossible!
    — Un martyre!
      — Un enfer!
— Va-t'en donc! dit la femme, ayant assez souffert;
Garde ta liberté; moi, je reprends la mienne!
C'est assez travailler pour toi. Quoi qu'il advienne,
J'ai mes doigts, j'ai mes yeux : je saurai me nourrir.
Va boire! Tes amis t'attendent. Va courir
Au cabaret! Le soir, dors où le vin te porte!
Je ne t'ouvrirai plus, ivrogne, cette porte!
— Soit. Mais supposes-tu que je vais te laisser
Les meubles, les effets, le linge, et renoncer
A ce qui me revient dans le peu qui nous reste,
Emportant, comme un gueux, ma casquette et ma veste?
De tout ce que je vois il me faut la moitié.
Partageons. C'est mon bien.
    — Ton bien? Quelle pitié!
Qui de nous pour l'avoir montra plus de courage?
O pauvre mobilier, que j'ai cru mon ouvrage!
N'importe! je consens encore à partager :
Je ne veux rien de toi, qui m'es un étranger! »

Et les voilà prenant les meubles, la vaisselle,
Examinant, pesant; sur leur front l'eau ruisselle;

La fièvre du départ a saisi le mari.
Muet, impatient et sans rien d'attendri,
Ouvrant chaque tiroir, bousculant chaque siège,
Il presse ce travail impie et sacrilège.
Tout est bouleversé dans le triste taudis,
Dont leur amour peut-être eût fait un paradis.
Confusion sans nom, spectacle lamentable !
Partout, sur le plancher, sur le lit, sur la table,
Pêle-mêle, chacun, d'un rapide regard,
Entasse les objets et se choisit sa part.
« Prends ceci ; moi cela !
— Toi, ce verre ; moi, l'autre !
— Ces flambeaux, partageons !
— Ces draps, chacun le nôtre ! »
Et tous deux consommaient, en s'arrachant leur bien,
Ce divorce du peuple, où la loi n'est pour rien.

Le partage tirait à sa fin ; la journée,
Froide et grise, attristait cette tâche obstinée ;
Quand soudain l'ouvrier, dans le fond d'un placard,
Sur une planche haute, aperçoit à l'écart
Un vieux paquet noué, qu'il ouvre et qu'il déplie.
« Qu'est-ce cela ? dit-il ; du linge qu'on oublie ?
Voyons !... des vêtements ?... une robe ?... un bonnet ?... »
Leur regard se rencontre, et chacun reconnaît,

Intactes et dormant sous l'oubli des années,
D'une enfant qui n'est plus les reliques fanées.
Ils s'arrêtent tous deux, interdits et sans voix ;
Leur cœur est traversé d'un éclair d'autrefois ;
Leur fille en un instant revit là, tout entière,
Dans sa première robe, hélas ! et sa dernière.
« C'est à moi, c'est mon bien ! dit l'homme en la pressant.
— Non, tu ne l'auras pas, dit-elle, pâlissant ;
Non ; c'est moi qui l'ai faite et moi qui l'ai brodée...
— Je la veux.
　　　　　　— Non, jamais ! Pour moi je l'ai gardée,
Et tu peux prendre tout ! Laisse-moi seulement,
Pour l'embrasser toujours, ce petit vêtement.
O cher amour ! Pourquoi Dieu l'a-t-il rappelée,
Depuis trois ans tantôt qu'elle s'en est allée,
Si bonne et si gentille !... Ah ! depuis son départ,
Tout a changé pour moi : maintenant, c'est trop tard ! »

Et, d'un pas chancelant, elle prit en silence
Les objets, qu'il lâcha sans faire résistance.
Elle arrêta longtemps sur ces restes sacrés,
Immobile et rêvant, ses yeux désespérés ;
Embrassa lentement l'étroite robe blanche,
Le petit tablier, le bonnet du dimanche ;
Puis, dans les mêmes plis, comme ils étaient d'abord,
Sombre, elle enveloppa les vêtements de mort,

En murmurant tout bas :

« Non ! non ! c'est trop d'injure !
Tu te montres trop tard !

— Trop tard ? En es-tu sûre ?
Dit l'homme en éclatant : et puisque notre enfant
Vient nous parler encore, et qu'elle nous défend
De partager la robe où nous l'avons connue,
Et que pour nous gronder son âme est revenue,
Veux-tu me pardonner ? Je ne peux plus partir ! »
Il s'assit. De ses yeux coulait le repentir.
Elle courut à lui :

« Tu pleures ?... ta main tremble ?... »
Et tous deux, sanglotant, dirent : « Restons ensemble ! »

1869.

II

L'AVEUGLE

Sur un des ponts de la Cité,
Où coule à flots la foule active,
Est assis, hiver comme été,
Un vieillard à mine chétive.

Je l'aperçois sur mon chemin,
Par le vent, la pluie ou la neige :
Un flageolet est dans sa main ;
Un auvent de cuir le protège.

Il est aveugle : son regard,
Scellé sous ses paupières closes,
N'a même pas cet air hagard,
Qui semble encor chercher les choses.

Son âme est, comme en un tombeau,
Dans des profondeurs enfouie ;
Jamais par la splendeur du beau
Sa face ne fut éblouie.

L'enfant qui s'arrête à le voir
A son soleil ne fait point d'ombre ;
Pour lui, le monde, c'est du noir,
Comme au naufragé la mer sombre.

Ni reflet vague, ni lueur :
A fond de cale est sa pensée ;
Rien que le jour intérieur
Pour éclairer la traversée !

Impassible sous son abri,
Il promène ses longs doigts maigres,
Et de loin son air favori
M'arrive à l'oreille en sons aigres.

Cet air autrefois m'a bercé :
La simplicité m'en est chère :
Mais qu'il est triste, ainsi faussé !
C'est : « Que ne suis-je la fougère ! »

Pauvre vieillard, aveugle-né,
Comprends-tu ta chanson naïve,
Toi dont jamais l'œil étonné
N'a vu forêt, campagne ou rive ?

« Que ne suis-je !... » Ah ! tu ferais mieux
D'être le brin d'herbe qui pousse,
Ou bien l'insecte au vol joyeux
Qui vient s'ébattre sur la mousse !

Pour toi, la Nature est un mot
Plein de promesse et de mystère :
L'ombre et la nuit, voilà ton lot.
Dans ta prison, dors solitaire !

Parfois ton aspect m'a rempli
D'inquiétude et d'épouvante ;
Je n'ai pu te couvrir d'oubli,
Sphinx de chair, énigme vivante !

Sur ce pont j'ai passé souvent,
Depuis ma lointaine jeunesse,
Hâtant le pas ou bien rêvant,
Dans la joie ou dans la tristesse.

J'y passai, fier de mes vingt ans,
Qui me parlaient d'indépendance,
Jours de folie, heureux instants
Qui me font sourire à distance !

J'y passai le jour où la mort,
Ami, dans mon cœur fit un vide,
Quand je suivais avec effort
Ce char qui t'emportait livide !

J'y passai le jour où, frappé
Par l'abandon d'une infidèle,
J'effeuillai, sombre et détrompé,
Cette fleur qui me parlait d'elle !

J'y passai quand la liberté
Secoua mon indifférence ;
Quand chaque jour eut emporté
Un lambeau de notre espérance ;

L'AVEUGLE.

Quand Paris pleurait ses enfants,
Quand les pavés, à peine en place,
Montraient aux frères triomphants
Le sang dont ils gardaient la trace ;

Quand je vis mendier au loin
Ces proscrits jouant aux apôtres,
Et sous mes yeux, morne témoin,
Monter les uns, tomber les autres ;

J'y passai lorsque, dans mon cœur
Le doute amer venant à naître,
D'un premier sourire moqueur
J'insultai l'homme, et Dieu peut-être !

Et j'ai trouvé toujours assis
Contre le parapet de pierre,
L'aveugle au sourire indécis,
Le prisonnier de sa paupière !

Sans un tremblement dans le son,
Sans un effort sur le visage,
Il jouait sa même chanson,
Faussant l'air au même passage !

Plaisirs ou larmes, passions,
Tout ce qui ravit ou torture,
Rumeurs des révolutions,
Démagogie ou dictature :

Qu'importe à lui ce qui déplaît
Ou rit à la foule légère !
Il rêve, et puis son flageolet
Dit : « Que ne suis-je la fougère ! »

1852.

III

LA PETITE CHANTEUSE

A THÉOPHILE GAUTIER.

La pauvre enfant, le long des pelouses du Bois,
Mendiait : elle avait des larmes véritables ;
Et, d'un air humble et doux, joignant ses petits doigts,
Elle courait après les âmes charitables.

De longs cheveux touffus chargeaient son front hâlé ;
Ses talons étaient gris de poussière, et sa robe
N'était qu'un vieux jupon à sa taille enroulé,
Où la nudité maigre à peine se dérobe !

Elle allait aux passants, les suivait pas à pas,
Et disait, sans changer un mot, la même histoire,
De celles qu'on écoute et que l'on ne croit pas :
Car notre conscience aurait trop peur d'y croire!

Elle voulait un sou, du pain, — rien qu'un morceau!
Elle avait, je ne sais dans quelle horrible rue,
Des parents sans travail, des frères au berceau,
La famille du pauvre, à peine secourue!

Puis, qu'on donnât ou non, elle essuyait ses pleurs,
Et s'en retournait vite aux gazons pleins de mousses,
S'amusait d'un insecte, épluchait quelques fleurs,
Des taillis printaniers brisait les jeunes pousses,

Et chantait! — Le soleil riait dans sa chanson!
C'était quelque lambeau des refrains populaires ;
Et, pareille au linot, de buisson en buisson,
Elle lançait au ciel ses notes les plus claires.

O souffle des beaux jours! Mystérieux pouvoir
D'un rayon de soleil et d'une fleur éclose!
Ivresse d'écouter, de sentir et de voir!
Enchantement divin qui sort de toute chose!

L'enfant, au renouveau, peut-il gémir longtemps?
Le brin d'herbe l'amuse et la feuille l'attire!
Sait-on combien de pleurs peut sécher un printemps,
Et le peu dont le pauvre a besoin pour sourire?

Je la regardais vivre, et l'entendais de loin.
Comme un fardeau que pose un porteur qui s'arrête,
Elle allégeait son cœur, se croyant sans témoin,
Et les senteurs d'avril lui montaient à la tête.

Puis bientôt s'éveillant, prise d'un souvenir,
Elle accostait encor les passants, triste et lente;
Son visage à l'instant savait se rembrunir,
Et sa voix se traînait et larmoyait dolente.

Mais quand elle arriva vers moi, tendant la main,
Avec ses yeux mouillés et son air de détresse :
« Non! lui dis-je. Va-t'en, et passe ton chemin!
Je te suivais : il faut, pour tromper, plus d'adresse.

« Tes parents t'ont montré cette douleur qui ment?
Tu pleures maintenant : tu chantais tout à l'heure! »
L'enfant leva les yeux et me dit simplement :
« C'est pour moi que je chante, et pour eux que je pleure. »

   1869.

IV

L'ÉCOLE

A M. ERNEST LEGOUVÉ.

Dans un village, au bord du chemin, sur un banc,
Grave sous sa pelisse et son haut bonnet blanc,
Une vieille, qui rêve au soleil, est assise.
Auprès d'elle, une enfant l'examine, indécise,
Et semble ruminer au fond de son cerveau
Quelque dessein profond, téméraire et nouveau.
Elle vire alentour, se consulte, s'arrête,
Hésite encore ; enfin, hochant sa jeune tête,
Elle avance, et, d'un air assuré, bravement,
La tirant par la manche et par le vêtement :
« Grand'mère, lève-toi !
　　　　　　　　— Que me veux-tu, petite?
Dit l'aïeule, et pourquoi me lever?
　　　　　　　　　　　　— Allons vite !

Reprit l'enfant, je veux t'emmener : il est tard ! »
La vieille sur l'enfant fixa son clair regard,
Et sourit : « Où veux-tu me conduire ?...

— A l'école !

— A l'école ?

— Oui. C'est dit. Tous les jours.

— Es-tu folle ?
Que veux-tu que j'y fasse à mon âge ? On dirait
Que je tombe en enfance, et l'on se moquerait !
Veux-tu qu'à mes dépens chacun s'en vienne rire ? »
Mais l'enfant :

« Non ! suis-moi. Je veux t'apprendre à lire !
Je sais déjà, grand'mère, et ce n'est pas bien long.
Je le veux. Viens. L'école est tout près. Pourquoi donc
Les vieux n'y vont-ils pas, puisque c'est pour apprendre ?»
La femme regarda l'enfant sans la comprendre.
Celle-ci tiraillait l'aïeule par le bras :
« On épelle d'abord les lettres, — tu verras, —
Sur de grands tableaux noirs, pendus à la muraille ;
Puis...

— Mais je ne ferai, mon enfant, rien qui vaille !
La mémoire me manque, et je n'ai plus mes yeux.
Tu ne songes donc pas qu'ils se font déjà vieux ?
Pour tricoter tes bas, j'ai besoin de lunettes,
Et mes conceptions ne sont plus assez nettes !
Ce qu'on dit aujourd'hui, je l'oublîrai demain.

— Je ne t'ai jamais vu de livre dans la main,

Grand'mère ! Sur ton banc, sans rien faire et rien dire,
Tu restes tout le jour, tristement. Il faut lire !
Le livre que je lis, comme à moi, te plaira ;
Et, si tu veux dormir, cela t'endormira !
Tu pourras suivre aussi la messe, le dimanche,
Dans le vieux paroissien que j'ai vu sur la planche ;
Et, quand on lira haut, toi, tu liras tout bas.
Enfin, c'est mon idée, et l'on ne rira pas ! »
Et l'enfant, obstinée à sa sainte chimère,
Sans vouloir de raisons, répétait : « Viens, grand'mère ! »
Et, tandis qu'une main l'attirait, l'autre main
Montrait, d'un geste ardent et sacré, le chemin.

O naïve ferveur ! Volonté magnanime !
O des devoirs nouveaux pressentiment sublime !
Oui, quand l'homme a besoin de ces enseignements,
Les plus humbles d'esprit s'éveillent instruments :
Toute main peut semer la graine salutaire ;
Et parfois l'on entend sortir, — touchant mystère ! —
Comme du ver luisant monte à nous la clarté,
Des lèvres des petits la grande vérité.

1867.

V

RACHAT

APPEL EN FAVEUR DE L'ŒUVRE
DES JEUNES LIBÉRÉS

— D'où viens-tu ? — Du pays de misère et de honte.
— Qu'as-tu fait ? — J'ai péché : je me sens avili.
— Où vas-tu ? — Je gravis le sentier qui remonte.
— Que veux-tu ? — Du travail. — Qu'espères-tu ? — L'oubli.

— Crois-tu qu'il est un Dieu, pauvre âme encore obscure ?
— Que ta bonté le prouve, et j'y croirai demain.
— Crois-tu que le regret peut laver la souillure ?
— Je n'en douterai plus, si tu me tends la main.

— Et sauras-tu vouloir ? — Oui, pourvu qu'on m'éclaire.
— Sauras-tu marcher ? — Oui, sûr contre l'abandon.
— Sauras-tu lutter ? — Oui, si j'obtiens mon salaire.
— Sauras-tu souffrir ? — Oui, si c'est pour le pardon.

1880.

VI

LE SOUFFLET

« J'ai perdu mon enfant, me disait le pauvre homme,
Ce cher petit amour, plus joufflu qu'une pomme,
Qui souriait toujours, et venait lestement,
Quand j'arrivais, se pendre à mon lourd vêtement.
Vous la rappelez-vous, sa bonne tête blonde,
Où j'avais concentré mon bonheur en ce monde ?
Ses yeux vous regardaient, avec quelle candeur !
Il avait dans ses jeux une si franche ardeur !
Il vous demandait tout avec un air si brave,
Qu'on n'y résistait point : et j'étais son esclave !
Il trouvait de ces mots qui dissipent le deuil.
Il était mon espoir, et déjà mon orgueil !
Oh ! qui me les rendra, ces heures passagères !

Un mal, dont le nom seul épouvante les pères,
Me l'a pris en deux jours! et je doute parfois
S'il est vrai que jamais je n'entendrai sa voix,
Que je ne verrai plus ses grâces enfantines
Remplir ma solitude, et ses deux mains mutines,
Quand il me surprenait, avec l'aube, dormant,
M'étreindre tout à coup de leur embrassement!
Fête délicieuse et trop vite écoulée!
Calme où se retrempait mon âme consolée!
Et maintenant je pleure, en les comptant si courts,
D'avoir pu refuser quelque joie à ses jours;
Et d'avoir sans pitié, dans mon humeur sauvage,
Sur son beau petit front laissé même un nuage!
J'aurais dû lui donner, prévenant chaque vœu,
Tous ces bonheurs d'enfant qui nous coûtent si peu!
Mais non : notre raison pour eux est implacable.

« Surtout un souvenir me poursuit et m'accable :
Au bout de mon jardin j'avais un espalier
A faire tressaillir le cœur d'un écolier!
C'était tout un verger sur la muraille blanche;
Avec un soin jaloux j'en gardais chaque branche.
Un jour, je vois l'enfant, pauvre ange de sept ans,
Qui mordait dans un fruit, de ses plus belles dents.
Il avait, loin de moi, cueilli — la grosse offense! —
Une pêche âpre encore, et bravé ma défense!

Soudain, par un détour, je m'approchai sans bruit.
A peine il m'aperçut qu'il rejeta le fruit.
Mais il était coupable, et la rigueur est sage ;
De ma main rudement je frappai son visage,
Puis je me retirai, sévère, triomphant
D'avoir noyé de pleurs son doux regard d'enfant ;
Et lui, honteux, tremblant, la poitrine gonflée,
De sanglots convulsifs remplissait chaque allée !

« Oh ! ce soufflet brutal pour un maudit fruit vert
Qu'il avait dérobé dans le jardin désert ;
Tandis qu'en liberté, chantant, courant, il joue,
Ce soufflet imprimé sur sa petite joue,
Et qui, dans un instant, change en pleurs ses ébats,
Ce soufflet, — mon remords — je ne l'oublirai pas !
Regrets tardifs ! Ma vie au passé condamnée,
Est de ce souvenir toujours importunée.
Faiblesse paternelle, étrange à d'autres yeux,
Je revois cette scène et me trouve odieux !
Droit, force ni raison, rien ne me justifie ;
Ces larmes, je voudrais les payer de ma vie ;
Et, devant son tombeau pleurant mon abandon,
Tout bas de ce soufflet je demande pardon ! »

1859.

VII

LA PLACE DU PAUVRE

A MON AMI ISIDORE CAHEN.

J'aime ce vieil usage observé des Hébreux,
Et qui fait pardonner leur bonheur aux heureux :
Le soir, quand la famille, à table réunie,
Par l'aïeul en prière à voix haute est bénie,
Quand les nombreux enfants, jeune essaim bourdonnant,
Ont baisé tour à tour son grand front grisonnant,
Et cherché du regard la servante attardée,
Toujours pour quelque pauvre une place est gardée :
C'est lui que l'on attend, lui qui paraît au seuil,
Lui, sale et misérable, à qui l'on fait accueil.

C'est tantôt un savant silencieux et grave,
Qui trahit un long jeûne au feu de son œil cave;
Ou bien un mendiant dans son caftan râpé,
De Ghettos inconnus voyageur échappé,
Et qui, tombé si bas, de mécompte en mécompte,
Qu'il ne sait même plus ce que c'est que la honte,
Courbe, en entrant, son dos servile et dégradé,
Étonné d'obtenir sans avoir demandé !
Tantôt c'est un enfant orphelin qu'on assiste ;
Et les autres petits contemplent d'un air triste
Le mince vêtement par places déchiré,
Et le morceau de pain si vite dévoré,
Et le coup d'œil qu'on jette aux choses succulentes !
Parfois, c'est un infirme aux réponses dolentes,
Qui fait gémir son mal, et vit de charité;
Ou bien l'étudiant de passage, invité,
Qui se heurte, s'assied sans déposer son livre,
Admire le dressoir, et la lampe de cuivre,
Et la nappe aux longs plis, et la juive aux grands yeux :
Sourit, timide et gauche, aux jeunes comme aux vieux.
Et raconte, sans perdre une seule bouchée,
Loin du pays natal, sa misère cachée !

Chaque soir, on accueille avec même bonté
L'hôte obscur, quel qu'il soit, et nul n'est écarté.
On l'a trouvé sans peine, au Temple ou sur la route;
Et, sans l'humilier, on lui parle, on l'écoute,

On dit : « Béni celui par qui vous nous venez !
Cette table est à vous : mangez ! buvez ! prenez ! »
Quand il part, dans sa main, à l'ombre de la porte,
La mère vient poser quelques mets qu'il emporte,
Ou la pièce d'argent qu'il accepte humblement,
Ou, roulé par avance, un plus chaud vêtement.

Ah ! si nous revenions à l'antique coutume,
Les pauvres gens au cœur auraient moins d'amertume,
Et l'opulent foyer serait comme un saint lieu :
Car la place du pauvre est la place de Dieu !

1867.

VIII

LA BIEN-AIMÉE DE L'OUVRIER

A MON AMI LÉOPOLD FLAMENG.

« Holà ! toi qui presses le pas,
Jeune ouvrier, l'outil au bras,
Dis-moi quelle est ta bien-aimée ? »
« — Ma bien-aimée est une enfant ;
Elle habite un grenier ; le vent
Y descend avec la fumée !

« Elle a seize ans depuis avril ;
Mais son cœur est vraiment viril !
Elle est malade, elle toussaille ;
Elle est maigre et n'a pas de seins ;
Seule, entre quatre murs malsains,
Je la regarde qui travaille !

« L'aiguille pique jour et nuit ;
Nul ne pénètre en son réduit ;
Et moi, je l'aime comme un frère !
Elle veut vivre sans amant,
Avec deux oiseaux seulement,
Qui gazouillent pour la distraire.

« L'hiver, elle a manqué de feu ;
Sa robe est mince et coûte peu ;
Fenêtre et porte sont mal closes !
Je l'entends parler quelquefois,
Et j'ai peur de sa frêle voix,
J'ai peur de ses pommettes roses !

« Les longs travaux ne sont pas gais :
Elle a les yeux bien fatigués ;
On devine le mal qui germe !
Et, pour lui rendre la santé,
Il lui faudrait, vienne l'été,
Les foins coupés, l'air de la ferme !

« Bon Dieu ! je l'épouserais bien !
Elle refuse, ne veut rien,
Et me sourit de la fenêtre :

Elle y paraît comme un lis blanc.
Hier, elle a craché le sang :
Vous êtes médecin, peut-être ?... »

« — Holà ! toi qui presses le pas,
Pâle ouvrier, l'outil au bras,
Que devient ta pauvre enrhumée ?... »
« — Je vais la voir à l'hôpital !
Le ciel est son pays natal :
Priez Dieu pour ma bien-aimée ! »

1869.

IX

LE DERNIER SALUT

Vivant, cet homme était une âme basse et vile :
Il avait insulté, calomnié, menti,
Vendu sa conscience et trahi son parti.
Ses mains gardaient le sang de la guerre civile.

Rien n'avait fatigué sa lâcheté servile.
Le mépris sur son nom s'était appesanti,
Et, debout sous la honte, il n'avait rien senti.
Nul ne saluait plus l'infâme par la ville.

Dans l'ombre s'est éteint le sinistre vieillard;
Là-bas obscurément s'enfuit le corbillard.
Pas un ami ne suit sa mémoire abhorrée :

Mais — ô respect des morts! culte grave et profond! —
Au milieu des saluts la dépouille ignorée
S'avance, et les plus purs se découvrent le front!

1863.

X

LA MÈRE ET L'ENFANT

A MADAME MARIE FAVART.

J'avais plus d'une fois fait l'aumône, le soir,
A certaine pauvresse errant sur un trottoir.
Comme un spectre dans l'ombre, et d'allure furtive,
On la voyait passer et repasser, craintive,
Maigre, déguenillée, et pressant dans ses bras
Un pauvre corps d'enfant que l'on ne voyait pas :
Cher fardeau, qu'un haillon emmaillote et protège,
Et qui dormait en paix, sous la pluie et la neige,
Trouvant, près de ce sein flétri par la douleur,
Son seul abri, sans doute, et sa seule chaleur !

Elle tendait la main. Suppliante et muette,
Sous les rayons blafards qu'au loin le gaz projette,
Elle glissait rapide, et, dans les coins obscurs,
Au détour des maisons ou le long des vieux murs,
S'approchait, d'un regard vous disait sa misère :
Et, comme à ces tableaux tout cœur ému se serre,
On lui donnait. Parfois, j'ai longuement rêvé
A ces grands dénûments qui hantent le pavé !

Faut-il poursuivre, hélas! et ce que je vais dire,
La vulgaire pitié, l'accueillant pour maudire,
S'en fera-t-elle une arme ? Et dans chaque passant
Aurai-je fait germer un soupçon renaissant ?
Ah! si par mon récit j'allais fermer une âme,
Rendre suspect le pauvre, et la misère infâme;
Si je devais glacer un seul cœur révolté,
Si je devais tarir ta source, ô charité,
Et, rassurant tout bas l'égoïsme du sage,
Arrêter seulement une obole au passage,
Je me tairais! — Mais non. Pourquoi cacher sans fin
Les conseils ténébreux qui naissent de la faim?
Sondons, pour mieux guérir! Je hais le mal qu'on farde.
J'aperçois plus profond l'abîme où je regarde,
Mais non pas moins navrante et moins digne d'amour
L'affreuse vérité qui se dévoile au jour!

Et qu'importe, après tout ! Donnons dans chaque piège !
Devant la main qu'on tend l'enquête est sacrilège.
Pour que le pauvre ait droit à notre charité,
Il suffit de sa honte et de sa pauvreté ;
Et tout ce qu'on découvre, et tout ce qu'on devine,
Ne doit rien retrancher de l'aumône divine !

Un soir, je vis la femme à vingt pas devant moi.
Elle précipitait sa course avec effroi :
On la suivait. Un homme, un agent l'interpelle,
Et, traversant la rue, il marche droit sur elle ;
Il la saisit, du geste écarte brusquement
Le châle où reposait le pauvre être dormant,
Prend le bras qui résiste, — et l'enfant tombe à terre !
L'enfant, non : pas un cri ne sortit de la mère.
Quelques haillons, noués d'un mauvais fichu blanc,
Jusqu'au bord du ruisseau vont en se déroulant ;
Et, comme j'approchais, l'homme au cruel office
De l'informe paquet me fit voir l'artifice.

Un éblouissement me passa sur les yeux ;
J'aurais voulu douter du spectacle odieux ;
Et, bien qu'on m'eût déjà conté ce stratagème,
J'éprouvais un dégoût à le toucher moi-même !

Ces enfants endormis que je rêvais si beaux
N'étaient plus désormais que langes et lambeaux!
De quel nom vous nommer, prières, larmes feintes?
O misère, qui joue avec ces choses saintes,
Et peut si bien mentir que le cœur se défend
D'un désespoir de mère et d'un sommeil d'enfant!

J'allais m'enfuir, laissant la misérable aux prises
Avec l'agent, moins tendre à de telles surprises,
Quand j'entendis, tremblante et brisée, une voix
Qui m'implorait : « Oh! oui, c'est la première fois!
Si vous voulez me croire, et venir, et me suivre,
Vous verrez l'autre : il vit! car le petit veut vivre!
C'est lui qu'hier encor je portais; mais ce soir
Il fait si froid! l'enfant est si chétif à voir;
Et, quand il tousse, on est si navré de l'entendre,
Que je n'ai pas voulu, pour cette fois, le prendre;
Car c'était le tuer, — vous comprenez cela?... —
Et c'est pourquoi j'ai fait bien vite... celui-là!
Qu'on ne m'arrête point! Vous êtes charitable :
Venez, et vous verrez l'enfant, — le véritable. »

Et la femme aux haillons devant moi sanglotait;
Et j'ai cru — comme vous — ce qu'elle racontait.

1865.

XI

LA MORT DU SALTIMBANQUE

A MON AMI ÉMILE DESCHANEL.

I

Encore une triste semaine !
Il a vraiment l'âme inhumaine,
Le saint qu'hier on a fêté !
Bateleurs, déclouez vos planches,
Pliez vos loques des dimanches :
Vous avez manqué de gaîté !

Pauvres gens ! Comptez la recette :
Elle danse dans la cassette !

Les gros sous font un petit tas.
Il faut du pain; la vie est chère;
Demain, vous ferez maigre chère;
Après-demain... l'on ne sait pas!

Allez! Roulez! Suivez sans cesse,
Sous la misère qui vous presse,
La route qui n'a pas de fin,
Fils bâtards de la fantaisie,
Qui trouvez votre poésie
Dans les angoisses de la faim!

II

Sous son bout de tuyau qui fume,
Là-bas s'éloigne dans la brume
La caravane aux volets verts.
La longue voiture ambulante
Prend son allure somnolente :
Que Dieu la garde de revers!

Sur tous les grands chemins de France,
Depuis sa plus lointaine enfance,

Le saltimbanque a voyagé.
Voilà longtemps qu'il est en route ;
Son œil s'éteint, son dos se voûte,
Son vieux visage est ravagé.

Essuyant mépris et déboire,
Il a sur tous les champs de foire
Planté son étroit campement,
Et débité dans les parades,
Sous de navrantes mascarades,
L'intarissable boniment.

Dans les granges ou sur les places,
Il a dressé, pour ses grimaces,
Les tréteaux pourris par les ans,
Et cloué contre sa baraque
L'escalier dont le sapin craque
Sous le sabot des paysans ;

Il a, de village en village,
Traîné dans le coin d'une cage,
Entre des barreaux de bois noir,
— Horrifique ménagerie ! —
Un phoque à la panse amaigrie,
Un loup pelé, piteux à voir ;

Il a, tendant son escarcelle,
Sur son nez promené l'échelle,
Jonglé sur le ventre et le dos,
Ou, du fond de sa gibecière,
Tiré l'illusion grossière,
Aux yeux stupides des badauds !

Brave homme ! Il travaille en famille :
Rien n'est plus souple que sa fille
Sous son corsage pailleté,
Quand son corps disloqué se joue
Sur le tapis semé de boue,
Dans son élastique beauté !

Son fils est l'Hercule aux reins larges,
Qui lutte ou soulève des charges,
D'un bras nerveux et tatoué ;
Sa femme est la femme géante,
Dont le conscrit, bouche béante,
Contemple le maillot troué !

Tous les enfants, la bru, le gendre,
Il faut les voir et les entendre,
Acharnés sur leur instrument,

Quand du patron la voix magique
Nasille : « En avant la musique !
Voici l'instant... et le moment !... »

Chacun a son geste et son rôle.
Amusez-nous ! Que l'on soit drôle,
Les vieux, les aînés, les marmots !
Ils sont dix : que chacun apporte
Aux bagatelles de la porte
Ses quolibets et ses gros mots !

Lui, vétéran de la bohème,
Il a reçu trente ans lui-même
Les soufflets qu'il lance à son tour ;
Tricorne au front, fard sur la joue,
Il s'échauffe, il hurle, il s'enroue,
Il brûle son sang chaque jour !

Plus d'une fois, la langue aride,
Le ventre creux, l'estomac vide,
A jeun chez de gros campagnards,
Il a, d'une dent affamée,
Dévoré l'étoupe enflammée,
Avalé sabres et poignards !

Car tu dois rire, quand tout manque,
Sombre gaîté du saltimbanque !
Il pend un crêpe à tes grelots !
Ta grimace contre nature
Cache souvent une torture,
Et dissimule des sanglots !

III

Près d'un fossé, dans la montée,
La caravane est arrêtée
Sur un grand chemin tout poudreux.
Depuis la dernière bourgade,
Le vieux saltimbanque est malade :
L'œil est terne et le pouls fiévreux.

On détèle la maigre rosse
Qui dix ans tira le carrosse,
Et jeûne aussi, les mauvais jours.
La troupe est sur pied ; tout s'agite :
Les pauvres gens, cela meurt vite.
Le père est bien bas ! Du secours !

Du secours! On discute, on pleure :
Que faire? On est à plus d'une heure,
Même en courant, du bourg voisin!
Un des garçons, à travers plaine,
En maillot rose, à perdre haleine,
S'en va quérir un médecin!

Il saute, avec des bonds sauvages,
Taillis, fossés et marécages,
Souillé de boue, éperdument;
Il arpente les champs sans borne,
Par un temps noir, sous un ciel morne,
Dans un sinistre isolement.

IV

Dans le logis, spectacle étrange!
Partout un burlesque mélange,
Comme une ironie à la mort!
On respire à peine, on suffoque,
Parmi cette odeur de défroque
Où la tribu grouille et s'endort!

LA MORT DU SALTIMBANQUE.

Frippes dans les coins entassées,
Sales casaques rapiécées,
Velours qui n'a plus de couleur,
Langes d'enfants à la mamelle,
Tout est confondu, pêle-mêle,
Sous le plafond du bateleur !

Tout au fond du chariot sombre,
Sous de vieux rideaux qui font ombre,
Le saltimbanque est dans son lit :
Le front suant, la voix éteinte,
Grave, et sans pousser une plainte,
Il souffre, il frissonne, il pâlit.

Plus de rire ! Plus de grimace !
Il s'en va, le joyeux paillasse !
Les jours de gaîté sont passés.
Le tapis, témoin de ses luttes,
Et tout râpé sous les culbutes,
Couvre ses pieds déjà glacés !

Sur sa chaise d'équilibriste
L'Hercule est assis, lourd et triste,
Les deux coudes sur ses genoux ;

Et son regard qui désespère,
Sans se détacher du vieux père,
Dit tout bas : « Que deviendrons-nous ? »

Près de lui, la femme sauvage
Remue, au hasard, un breuvage
Que le dompteur a préparé ;
Et, stupide, à la même place,
Sous sa perruque de filasse,
Le pitre ouvre un œil effaré.

La géante au chevet s'incline :
Les sanglots gonflent sa poitrine ;
Sa main retient la vieille main ;
Et les petits, tout en guenilles,
Se traînent, comme des chenilles,
Dans la poussière du chemin.

V

Sur son lit le vieillard se dresse ;
Un suprême éclair de tendresse
Illumine son teint blafard ;

LA MORT DU SALTIMBANQUE.

Il avance vers ceux qu'il aime
Son visage affreusement blême
Sous une couche de vieux fard :

« Adieu, petits ! Adieu, la vieille !
Dit-il ; sur vous que le ciel veille !
Surtout, ne vous séparez point !...
Tu pleures, là-bas, imbécile ?
Mourir n'est pas si difficile,
Quand la vie est dure à ce point !

« Trouver du pain, c'est une affaire !
J'aurais dû, certes, pour bien faire,
Choisir pour vous d'autres métiers !
Mais l'exemple est là, qui dispose !
Des culbutes, c'est peu de chose
A laisser à ses héritiers !... »

Il veut encor parler, sourire ;
Ses yeux se voilent ; le délire
Bientôt divague en mots confus ;
Et dans la phrase qu'il achève
Il n'aperçoit déjà qu'en rêve
Ses amis qu'il ne connaît plus.

Il revoit la foule, il pérore ;
Sa voix qui meurt murmure encore :
« Voici l'instant... et le moment !... »
Sa main sur sa tempe livide
Passe, et s'agite dans le vide :
Ce fut son dernier boniment !

Les enfants pleurent, tête basse.
La femme, tandis qu'il trépasse,
Sur ses lèvres, avec effort,
Retrouve un lambeau de prière.
Elle est veuve. — Apprêtez la bière :
Le pauvre saltimbanque est mort !

1866.

XII

ORGUE DE BARBARIE

A MON AMI TH. NICOL.

Une joueuse d'orgue était là, dans la rue ;
Et de joyeux enfants une bande accourue
S'empressait alentour, et criait, et dansait,
Sans voir que la pauvresse en jouant pâlissait :
Car, tandis qu'un enfant, debout à côté d'elle,
Tendait la main, qu'un autre étreignait sa mamelle,
Dans un berceau fixé sur l'orgue, et retenu
Par une vieille corde, un autre, demi-nu,
L'œil clos, la lèvre bleue et les petits bras maigres,
Couché sur l'instrument qui s'égaie en sons aigres,

S'éteignait, ficelé dans des langes pourris !
Il souffrait, il poussait parfois de faibles cris ;
Et la mère étouffait quelque larme nouvelle :
Et toujours l'autre main tournait la manivelle ;
Et la polka stridente, au rythme sautillant,
Succédait à la valse ; et, toujours frétillant,
La troupe des enfants suivait la pauvre femme,
Qui voyait ces teints beaux et frais, la mort dans l'âme !

1863.

XIII

LES DEUX AMES

A M. SAINT-MARC GIRARDIN.

I

Dans le ciel habitaient deux âmes,
Deux âmes de petits enfants,
Qui voltigeaient comme ces flammes
Que les marais livrent aux vents :

Êtres divins, tous deux semblables
Par l'innocence et la beauté,
Voyant des choses ineffables
Aux secrets de l'éternité.

Avec l'impatient coup d'aile
D'oiseaux qui désertent leurs nids,
Fiers de leur liberté nouvelle,
Ils parcouraient des infinis !

Ils allaient d'étoile en étoile,
Fendaient l'azur d'un même essor ;
Et, comme en mer fuit une voile,
Voyaient s'enfuir les astres d'or !

Tout autour, masses vagabondes
Où s'égare notre raison,
Voguaient, par flottilles, les mondes,
Dans l'océan sans horizon.

Variant leur course nocturne,
Ils sondaient l'impalpable éther,
Allant des anneaux de Saturne
Aux aurores de Jupiter ;

Ils volaient des splendeurs à l'ombre,
Des nuits pâles aux jours vermeils,
Et s'amusaient d'erreurs sans nombre
A vouloir compter les soleils !

Dans ces poussières lumineuses,
Dans ces abîmes de clarté
Où blanchissent les nébuleuses
Qui brillent par les soirs d'été,

Ils écoutaient les harmonies
Que les globes font dans leur cours ;
S'attristaient sur les agonies
Des mondes éteints pour toujours.

Parfois, approchant de la terre,
Émus d'un indicible effroi,
Ils plaignaient l'astre solitaire
Dans son atmosphère de froid ;

Ou bien, ils suivaient la traînée
Des comètes aux crins de feu ;
Et, de la route illuminée,
Envoyaient un sourire à Dieu !

II

Un jour, Dieu dit : « L'heure est venue ;
Un sein mortel doit vous nourrir !

Sur terre toute âme est tenue
D'aller renaître pour mourir ! »

Aussitôt les deux frêles âmes,
Dociles aux célestes lois,
Dans le sein tremblant de deux femmes
Lors descendirent à la fois.

L'une était une jeune reine
Qui, souriant à chaque pas,
Gravissait, superbe et sereine,
Un des beaux trônes d'ici-bas.

Un peuple attendait le doux être ;
Le canon, de sa grosse voix,
Annonça qu'il venait de naître
Un enfant héritier des rois.

Un palais devint sa demeure ;
On s'écrasait pour l'entrevoir ;
Et le poète chanta l'heure
Qui vit éclore tant d'espoir !

Et l'or, la dentelle, la soie,
Charmaient ses yeux à peine ouverts ;
On mit dans son berceau la joie,
Et dans ses rêves l'univers !

Et, par un étrange partage,
L'autre mère avait pour abri
Les murs nus d'un sixième étage,
Où l'enfant fit son premier cri.

Il tomba du pays des anges
Au plus sombre toit des vivants :
La charité marqua ses langes,
Et l'admit parmi ses enfants ;

Un sein flétri reçut sa bouche,
Des pleurs coulaient sur son sommeil,
Un dur oreiller fut sa couche,
Un amer baiser son réveil :

Car c'était un fils de la honte,
Un pauvre être chétif et laid,
Buvant l'outrage et le mécompte
Avec chaque goutte de lait.

Dans le berceau qu'elle balance,
L'œil fixe et le cœur attristé,
La pâle mère a vu d'avance
La misère et l'obscurité !

III

Puis, quand chaque âme ainsi fut née,
Dieu mit un voile à son passé :
— Et c'est alors, ô destinée,
Que ton mystère a commencé !

1867.

XIV

LE VIEUX PAROISSIEN

Au parapet des quais, comme moi, sans scrupule,
Dans la boîte à deux sous vous l'avez rebuté,
Le pauvre paroissien qui, toujours écarté,
Surnage obstinément au fouillis qu'on bouscule !

Sa basane pelée a pris l'air indigent,
Et revêtu l'enduit des chambres enfumées ;
Ses tranches, au contact du peuple accoutumées,
N'ont connu ni l'étui, ni le fermoir d'argent.

La garde maculée et la marge noircie,
Gras, crasseux, déchiré, les quatre coins ouverts,
Tanné par les étés, moisi par les hivers,
Il est là, misérable, et nul ne s'en soucie !

Les chercheurs curieux jamais ne l'ouvriront :
Ce qu'on y peut trouver ne vaut pas la dépense !
La parole de Dieu pourrit, sans qu'on y pense,
Et l'homme la condamne à ce dernier affront !

Ce n'étaient pas des mains délicates et blanches,
Ni des gants d'où s'exhale un parfum d'encensoir,
Qui, sur le banc de chêne où l'humble va s'asseoir,
Tournaient assidûment ses pages, les dimanches :

Mais le pouce calleux du rude paysan
Qui croit comme un enfant aux divines merveilles ;
Mais, ridés et tremblants, les doigts des pauvres vieilles ;
La main de la servante ou bien de l'artisan.

O livre, tout rempli de naïves promesses,
Hôte obscur et discret de quelque galetas,
Avant d'en arriver à dormir dans ce tas,
Combien, depuis un siècle, as-tu suivi de messes ?

Vieux bouquin de hasard, si tu nous racontais
Tout ce que tu reçus de saintes confidences,
Les bonheurs, les regrets, les longues pénitences,
Et tous les cœurs blessés que tu réconfortais ?

Triste épave échouée aux rives de la Seine,
Maintenant te voilà sous la pluie et le vent,
Dédaigné, maltraité sans nul remords, bravant
Le voisinage impur de quelque livre obscène !

Le souffle d'air qui passe et qui s'en fait un jeu,
De tes flancs, chaque jour, détache une prière ;
Et la feuille, emportée au cours de la rivière,
Semble, en tourbillonnant, prendre son vol vers Dieu !

    1860.

XV

LA PLAIE

A GASTON HIRSCH.

Philinte a triomphé : l'indulgence nous tue!
Nous ne savons plus dire, en nos lâches détours,
A la femme sans cœur qu'elle se prostitue,
A l'écrivain sans foi qu'il se vend tous les jours!

Le riche a son encens, le valet sa statue.
La molle périphrase affadit nos discours;
Et la mâle franchise, autrefois court vêtue,
S'enveloppe d'un voile aux sinueux contours.

LA PLAIE.

On dirait qu'en autrui chacun se justifie.
Le vice souriant, l'insolence bouffie,
Ont la parole haute, et bravent tout sermon.

Oh! qui me donnera d'entendre, même une heure,
Éclater sur ces fronts qu'aucun souci n'effleure
La colère d'Alceste ou celle de Timon!

1860.

XVI

LES CONDOLÉANCES

DE

BEETHOVEN

A MADAME JULES SIMON.

La noble veuve avait perdu sa fille unique,
Et, dans la maison morne, — oh ! la mort est inique ! —
Sans pouvoir s'arracher de la chambre, elle avait
Choisi, pour y pleurer, l'étroit et blanc chevet.
Baisant la place où fut le visage adorable,
Elle y laissait saigner sa blessure incurable ;
Et bien des visiteurs, après les premiers jours,
Venaient la fatiguer du stérile discours
Que le sage tient prêt pour la douleur trop forte.
Les indifférents même avaient franchi sa porte.

Mais lui, le vieil ami, — Beethoven, — ne vient pas!
Il n'aurait qu'à monter et faire quelques pas :
La veuve est sa voisine; elle espère, sans doute,
Sa visite, — et lui seul s'attarde et la redoute.
De quel air aborder ce désespoir? Comment
Affronter ce délire ou cet accablement?
Le grand homme a des peurs d'enfant; il se demande
S'il n'aura pas aussi de ces pleurs de commande;
Si ce n'est pas mentir et trahir l'amitié,
De n'avoir pour ce deuil qu'un masque de pitié.

Un soir, il se décide enfin. Sa triste amie,
Dans l'ombre, est accoudée au lit, comme endormie;
Mais rien qu'au pas léger, se retournant vers lui,
Elle rouvre les yeux d'où le sommeil a fui,
Et son regard navré dit toute sa détresse.
Et lui, troublé, le cœur débordant de tendresse,
Il est là, devant elle, immobile; il voudrait
Trouver, — et ne peut pas! — le mot qui répondrait
Au découragement de ce coup d'œil farouche,
Et les sons étranglés se sèchent dans sa bouche;
Il voudrait s'approcher au moins : l'effort est vain!

Mais là, tout près de lui, là, presque sous sa main,
— Comme une voix d'en haut pour les larmes humaines, —
Le piano, fermé depuis tant de semaines,

L'attire : il le contemple, et muet, d'un pas lent,
S'avance sans lever les yeux, l'ouvre en tremblant,
Et s'assied. Son amie, un instant étonnée,
A tout compris ; déjà son âme est enchaînée :
Devant la majesté du génie, — elle attend.

C'est, d'abord, un prélude indécis et flottant,
Une lueur qui sort de la nuit ténébreuse,
Une aurore de sons, légère et vaporeuse,
Dans les tonalités limpides du bonheur.
Était-ce en ut, en sol, en majeur, en mineur ?
Qu'importe ! Les accords disaient l'aube croissante,
Et la clarté vermeille et toujours grandissante
Où semblaient se jouer, avec le demi-jour,
Les ondulations du rêve et de l'amour :
Car c'était une enfant qui naissait, un doux ange !

O vous qui connaissez, qui goûtez sans mélange
Les chefs-d'œuvre du maître, et les nommez tout bas,
Vous devinez ce que les mots ne rendent pas,
Ce que seul il pouvait traduire, ce qui chante
Dans cette éclosion de faiblesse touchante,
Sous les doigts du naïf et puissant créateur :
Caresses, jeux charmants, sourire protecteur,

Ineffable tableau de vierge en son enfance,
Soins maternels, sommeil que l'on berce, défense
Inquiète, réveil innocent près du sein,
— Tout revit aux accents émus du clavecin !

Oui, c'était là ta part alors, ô jeune mère !
Comme il sait raconter ta joie — et ta chimère !
Comme à ces souvenirs ton cœur a tressailli !
Maintenant, l'harmonie éclatante a jailli :
L'enfant s'est transformée en chaste jeune fille ;
C'est la grâce qui naît, c'est la beauté qui brille.
Pour fêter ce printemps en fleurs, cet avenir,
Tous les gazouillements d'oiseaux semblent s'unir ;
Et, sous les trilles d'or, l'espérance hardie
S'envole en une large et franche mélodie,
Qui promet le bonheur et triomphe en chantant.
Le son devient lumière. Et la mère écoutant
Sourit presque. — Et pourtant, monotone et tenace,
Un accord redoublé, sourd et plein de menace,
Toujours plus effaré, toujours plus douloureux,
Comme une obsession, trouble ces chants heureux,
Et prolonge sa note étrange et solitaire...

Et, tout à coup, la voix de l'instrument s'altère
Et s'assombrit ; le ciel radieux s'est voilé.
Dans un adagio plaintif et désolé,

La nature gémit et souffre ; l'âme entière
Se révolte au brutal assaut de la matière,
A cette volonté qu'on ne peut attendrir,
A cette voix d'enfant qui ne veut pas mourir !
Pour rendre, en ses horreurs, la force dissolvante,
Le clavier tourmenté n'est qu'une mer mouvante
Où roulent tour à tour les vagues s'obstinant.
Quel concert irrité, lugubre, dissonant,
En modulations stridentes et sauvages,
Semble apporter l'écho d'invisibles rivages !
Les gammes en fureur amoncellent leurs flots.
Ah ! pauvre, pauvre mère, entends-tu tes sanglots,
Tes cris désespérés et tes mourantes plaintes ?...
On croirait que les sons vont rendre les étreintes
Du mal, et que le rythme enfiévré veut lutter,
Et qu'un orchestre entier s'apprête à résister !
Le songeur, absorbé dans son rêve, s'oublie ;
La phrase musicale ou s'emporte, ou supplie,
Ou s'enfonce, éperdue, aux horizons lointains ;
Et la fugue s'acharne aux secrets des destins !
Dans cette chambre en deuil, l'impétueux génie
Épuise, sans compter, ses trésors d'harmonie ;
Et, tandis que pâlit et s'use le flambeau,
Avec un glas final il scelle le tombeau.
Adieu !... Le vide est fait. Adieu !... L'âme est partie !
Son grand front s'est penché, sa main s'est ralentie :
Une note, — un silence ; une note, — la mort.

Mais soudain, dans la nuit cette note qui dort
Se réveille, et du fond de cet obscur silence, —
Ainsi qu'un blanc rayon du matin qui s'élance,
Et rend à l'univers ébloui sa clarté, —
Un chant s'élève, un chant d'une suavité
Que ne connut jamais une oreille mortelle.
Qui donc parlait d'adieu ?... La mort, où donc est-elle ?..
Ah ! réveil lumineux et tendre ! Chant divin
D'allégresse, où l'espoir s'épanouit enfin !
La gamme affirme et croit ; le son prouve et console
C'est le calme, et la paix, et la grande parole,
Et le concert sacré qui ravit les élus.
Femme, ne maudis plus ! Mère, ne pleure plus !
Ce que la tombe enferme est néant et poussière :
Entends-tu l'âme fuir de sa larve grossière ?...
Sous ses doigts enflammés entr'ouvrant le ciel bleu,
Le sublime inspiré la conduit jusqu'à Dieu !

Cette fois, tout est dit. L'ardente symphonie
S'achève, en des dessins de douceur infinie,
Sur un dernier accord — qui s'éteint aussitôt...

Alors Beethoven, grave et sans dire un seul mot,
Osant tourner à peine un regard sur la femme
Dont il avait sondé la plaie, et pansé l'âme,

Et traduit les douleurs qui lui gonflaient le sein,
Se leva, doucement ferma le clavecin;
D'une étreinte, pressa la main vers lui tendue;
Puis, — laissant cette mère à ses chants suspendue,
Ivre du ciel, l'esprit dans le monde inconnu,
— Il disparut sans bruit, comme il était venu.

1891.

XVII

CHAMP DE MARS

A MON AMI GUSTAVE SIMON.

Exposition universelle, 1878.

Le spectacle est sublime, et l'orgueil est permis :
Le travail a vaincu les forces naturelles ;
Autrefois leur esclave et terrassé par elles,
L'homme entrevoit partout son domaine soumis.

Corps inertes, dépôts sous la terre endormis,
Éléments oubliant leurs antiques querelles,
Chaleur, lumière et son, plantes, métaux rebelles,
Vapeurs et gaz subtils, fluides ennemis,

Tout est dompté, tout sert, tout vit, tout se transforme :
L'être infime apparaît comme un géant énorme,
Plus fort, plus redoutable et plus fier chaque jour!

Puissance humaine, es-tu vraiment bien dépensée?
Toute cette matière est faite de pensée :
Ah! si cette pensée était faite d'amour!

XVIII

UN PASSANT [1]

A VICTOR HUGO.

Dire que, dans Paris moderne, il est des gens
Graves, savants, lettrés, sans doute intelligents,
Qui lisent, qui sauront si les choses sont belles,
Qui vantent l'œuvre éclose et n'y sont point rebelles ;
Qui remontent les temps, et devant le passé
S'inclinent ; qui, le front sur la page enfoncé,
Dégagés du fatras de la glose pédante,
Vivent avec Homère ou rêvent avec Dante,
Ouvrant, pleins de respect, pour adorer ces dieux,
Leurs livres, Panthéon sublime et radieux ;

1. Ces vers ont été lus par l'auteur chez Victor Hugo le 10 mars 1880.

Qui pensent que c'était une faveur unique,
Sur la terre Latine ou la terre Hellénique,
D'être contemporains de ces divins esprits ;
Que, s'ils avaient pu l'être, ils en sauraient le prix ;
Qui, le soir, en fermant le volume, peut-être,
Se disent : « Avoir pu les voir et les connaître !
Avoir pu sous le feu de leur regard grandir !
Aux fêtes d'Olympie ou de l'Isthme, applaudir
Pindare ! En se pressant dans l'Agora d'Athènes,
Frôler sous son manteau le bras de Démosthènes !
Avoir pu, saluant Eschyle par son nom,
L'aborder au théâtre, après *Agamemnon* ;
Ou, dans Rome, fendant la foule qui se range,
Emboîter hardiment le pas de Michel-Ange !
Contempler, rencontrant leur œil profond et clair,
Molière après *Tartufe* ou Dante après *l'Enfer* !
Être, dans sa retraite, un voisin de Shakspeare ;
Passer devant son seuil, humer l'air qu'il respire,
Et chercher sur son front, comme un reflet dans l'eau,
Les visions d'Hamlet et l'amour d'Othello ! »
Quel rêve ! — Et cependant, stupides que nous sommes,
Ces gens-là, ces rêveurs émus, ces mêmes hommes
Que les noms glorieux troublent d'un tel souci,
Maître, ils n'ignorent point que vous êtes ici ;
Ils savent que, là-bas, dans la longue avenue,
Ce vieillard homérique à la barbe chenue,
Qui va vers ses devoirs, qui s'avance distrait,

Si simple qu'un enfant joueur l'arrêterait,
Qui rentre lentement ayant fait sa journée ;
Que cette face auguste et noble, illuminée
De ses propres rayons, ainsi que d'un soleil ;
Que ce passant songeur, aux prophètes pareil,
C'est vous, — c'est toi ! — celui qui sourit et qui tonne ;
L'homme du *Roi s'amuse* et des *Feuilles d'automne* ;
L'homme de *Hernani*, l'homme des *Châtiments* ;
Qui, d'applaudissements en applaudissements,
De combats en combats, de victoire en victoire,
Est resté le témoin tranquille de sa gloire !
Ils savent que, toujours puissant et vigoureux,
Tu résumes ton siècle et travailles pour eux ;
Et qu'ils pourraient te voir, et qu'ils pourraient t'entendre ;
Que l'humble admirateur te trouve doux et tendre ;
Que même, un soir d'hiver, il leur serait permis,
Discrets, de se mêler, au flot de tes amis,
De tressaillir au son de ta parole grave,
De contempler ces traits dont l'empreinte se grave,
Et de croire, fixant ton visage si beau,
Que tous ces morts fameux ont quitté le tombeau !

O contradiction bizarre, inexplicable !
Molle timidité que ton génie accable,
Et qui n'ose, craignant une telle clarté,
Aborder de trop près ton immortalité !

Et cependant tu vis! Si j'étais à leur place,
J'irais obstinément me poster sur ta trace;
Je saurais les chemins qui te plaisent le mieux;
Furtif, je volerais un éclair de tes yeux;
Où tu devrais passer, je passerais moi-même;
Quand je t'apercevrais, d'un courage suprême,
Courant, j'arriverais vers ta face, imprévu,
Ainsi qu'un maladroit, pour dire : « Je l'ai vu! »

Je l'ai fait. J'ai marché maintes fois dans ton ombre;
Je t'ai vu souriant, je t'ai vu triste et sombre;
J'ai suivi du regard, dans l'aveugle Paris,
Ton profil estompé sous ton grand feutre gris;
J'ai pu franchir le seuil où tu caches ton âme,
Presser ta main, qui met dans les mains une flamme,
Et te dire tout haut ce qu'on pense tout bas!
Merci de l'avoir pu : car je n'envierai pas,
— Moi qui suis voyageur aux époques lointaines, —
Les hommes de Florence et les hommes d'Athènes!

1880.

XIX

LA PRIÈRE

Un soir, — j'étais enfant — on priait en famille.
Nous étions réunis, grands-parents, fils et fille,
Et je tenais ma Bible, et je lisais comme eux.
Sous la pâle lueur des vieux flambeaux fumeux,
Un de ces lourds sommeils, que la chaleur propage,
Faisait pencher les fronts engourdis sur la page,
Et, des jeunes aux vieux, tous s'inclinaient domptés.
Et je dis à mon père, assis à mes côtés :
« Vois comme ils dorment ! Seul, avec toi, je suis brave ! »
Et je l'entends encor répondre d'un ton grave :
« L'indulgence, mon fils, est la grande vertu.
Si vraiment tu priais, comment les verrais-tu ? »

1851.

XX

FLEURS D'ORANGE

A MON AMI FRANÇOIS COPPÉE.

Près des vitres d'une fleuriste,
Une femme, immobile et triste,
Se tient debout sur le trottoir :
Masque pâle, allure équivoque,
Toute la créature évoque
Les impurs fantômes du soir.

Mais elle n'est point à son rôle :
Le passant que sa jupe frôle

Lui trouve le front soucieux;
Elle est là, farouche, isolée,
Et la vue aux glaces collée,
Avec un rêve dans les yeux.

On dirait qu'elle a pris racine
Devant l'objet qui la fascine
Et la force à s'humilier!
La foule passe : elle demeure;
Elle oublie et le froid et l'heure :
Elle voudrait tout oublier!

Mais ce ne sont pas ces merveilles,
Ces bouquets à braver les veilles,
Ces fleurs peintes qu'on croit cueillir,
Ni le feuillage, ni la gerbe,
Ni la perle sur un brin d'herbe,
Qui, tout bas, la font tressaillir!

Elle regarde, elle se penche :
Sur un coussin de moire blanche,
Qu'un globe de cristal défend,
Fleurit la couronne sans tache,
Et le bouquet blanc qu'on attache
Au sein virginal d'une enfant!

Et la pauvre fille est jalouse;
Elle se mesure à l'épouse :
Et c'est le cœur épouvanté
Qu'elle couve, d'un œil étrange,
La couronne de fleurs d'orange,
L'auréole de pureté!

XXI

LA LIE

A MON AMI JULES CLARETIE.

Avez-vous contemplé, quand les fêtes publiques
Lâchent sur nos pavés les tribus faméliques,
Ces mendiants hideux, aux haillons effrontés,
Dont la foule, à la fois grouillant de tous côtés,
Sur Paris inquiet saute et se dissémine,
Comme une éclosion subite de vermine?
Bateleurs en plein vent disloquant leurs bras nus,
Rôdeurs de nuit, vivant de métiers inconnus,
Chanteurs improvisés sortis de tous les bouges,
Sales Italiens pinçant des harpes rouges,

Joueurs d'orgue tournant, comme des possédés,
Des claviers de rebut aux sons désaccordés,
Sorciers de carrefour débitant leurs oracles ;
Une Truanderie, une Cour des Miracles,
Culs-de-jatte, manchots, aveugles, écloppés,
Sinistres vagabonds des bagnes échappés,
Affreux enfants pressant le sein d'horribles femmes :
On dirait qu'hôpitaux, prisons, réduits infâmes,
Ont vomi tout à coup leurs plus noirs habitants !

Tels, après une pluie orageuse, au printemps,
Quand un coup de soleil vient égayer la terre
Qui boit par chaque pore et qui se désaltère,
Du sol brun des sillons, de la mousse des bois,
Des chemins, des fossés, de partout à la fois
Sortent, poussés dehors par des forces secrètes,
Les insectes blottis dans leurs sombres retraites,
Ou les reptiles las de leurs trous familiers :
Les lombrics au soleil se tordent par milliers ;
Les limaces, rampant sur la terre humectée,
Vernissent les sentiers de leur bave argentée ;
La chenille descend dans les airs par un fil ;
Le crapaud dans l'ornière ébauche son profil ;
Et le bousier, volant aux ordures lointaines,
Y plonge plus joyeux sa corne et ses antennes !

Toujours la fière ville a porté dans son sein
Cette lèpre cachée et ce virus malsain.
La police, faisant œuvre philosophique,
Montre Paris sordide à Paris magnifique,
Étale les haillons près des riches satins,
Poste les ventres creux aux vitres des festins,
Accorde pour un jour à tous les misérables
Le droit de coudoyer nos bourgeois honorables;
Au flot des promeneurs, qui passent interdits,
Elle donne à nourrir ses gueux et ses bandits,
Nous rappelle qu'il est des bas-fonds qu'on oublie,
Et fait sur la cité remonter cette lie !

1868.

XXII

LE PREMIER SOURIRE

A MADAME REGNIER.

I

Dans le lit de l'hospice une petite fille,
Pâle, ouvrait ses grands yeux. Son unique famille,
C'étaient les Sœurs venant chaque jour l'embrasser,
Faire un signe amical en passant, redresser
L'oreiller dérobé sous sa tête penchée,
Renouer au menton la coiffe détachée,
Ramener le drap blanc sur ses poumons étroits,
Tenir la potion qui tremble entre ses doigts,
Ou le mets qu'un instant sa lèvre à peine effleure,
Et lui dire : « Allons! dors, mon enfant! Tout à l'heure

Nous reviendrons. Il faut du sommeil pour guérir. »
Elles savent pourtant que l'enfant doit mourir.
Ces longs dortoirs, bâtis par des mains secourables,
N'ont pour hôtes sacrés qu'orphelins incurables,
Jeunes, mais qu'un arrêt inflexible, en naissant,
Condamne dans leur sève et flétrit dans leur sang,
Dont la face ou le corps — effroyable mystère ! —
Trahit l'obscur progrès d'un vice héréditaire ;
Qui devinent de loin tout un monde enchanté,
Où l'on a, pour agir, la force et la santé,
Où la fille a quelqu'un qu'elle appelle son père,
Où l'on sourit, où l'on travaille, où l'on espère,
Où, belle, on peut aimer un homme qui soit beau,
Où tout ne donne pas l'avant-goût du tombeau,
Où l'on peut, le matin, rouvrir l'œil par mégarde,
Sans voir un médecin debout, qui vous regarde !

Celle-ci, que le mal sourdement affaiblit,
Ne se souvenait pas d'avoir quitté son lit,
Et pouvait, à sept ans, supposer, le pauvre ange,
Que les enfants sont nés pour cette vie étrange !
Elle disait : « Quand donc marcherai-je, ma sœur ?... »

Lorsqu'on lui présentait parfois quelque douceur,
Elle demeurait morne, et secouait la tête.
On lui cherchait des fruits, voulant lui faire fête ;

Pour obéir, du bout des dents, elle y goûtait,
Puis elle les laissait tomber, ou les jetait.
On apportait, l'été, des fleurs pour la distraire :
Les fleurs, par un effet bizarre et tout contraire,
Assombrissaient encor son visage charmant;
Elle les regardait, les flairait tristement,
Puis les rendait, avec des larmes sur la joue.
Les Sœurs lui découpaient des chiffons : « Allons, joue! »
Disaient-elles. L'enfant les froissait sans plaisir;
Personne sur ses traits n'eût pu lire un désir!
On lui contait, pensant l'égayer, une histoire :
Elle écoutait d'un air résigné, sans y croire;
Ne souriait jamais aux contes les plus gais,
Et ses yeux se fermaient bien vite, fatigués.

Un jour, vous avez vu cette enfant, noble femme
Qui livrez aux souffrants les trésors de votre âme,
Et consolez un deuil saintement supporté,
En visitant l'infirme et le déshérité.
Vous qui ne comptez plus tout le bien que vous faites,
Vous aimez à venir dans ces graves retraites,
A faire, à ces chevets, des rêves infinis,
A mesurer aux maux vos remèdes bénis!

Vous avez observé longtemps, près de la couche,
Le souffle qui sortait de la petite bouche,

Et suivi ce regard déjà terne et voilé :
« Eh quoi ! pas un jouet devant elle étalé ?
Disiez-vous. Est-il donc un bien qu'on lui refuse ? »
Et les Sœurs répondaient toujours : « Rien ne l'amuse ! »

II

Or, vous aviez chez vous, conservée avec soin
Dans un meuble, d'où vous la tiriez sans témoin,
Et d'un crêpe funèbre encore enveloppée,
De votre fille morte une belle poupée,
Comme les riches seuls en ont pour leurs enfants.
Relevés sur la tempe en deux bandeaux bouffants,
Des cheveux blonds dorés couronnaient son visage ;
Un réseau plein chargeait la nuque, — c'est l'usage ! —
Blanche, rose, mignonne, à tromper le regard,
La tête, en pâte fine, était peinte avec art ;
Les yeux bleus, grands ouverts, faits d'émail translucide,
Gardaient, sans jamais voir, leur fixité placide ;
La robe de velours avait des plis savants ;
On sentait sous l'étoffe, assouplis et mouvants,
Vivre les bras ; la main grasse qui les termine
Glissait des doigts gantés dans un manchon d'hermine :
Telle elle était restée avec les vêtements
Qu'avait aimés la morte en ses derniers moments.

Quelle mère n'a pas, d'un deuil pareil frappée,
Dans le fond d'un tiroir l'invisible poupée ?

Charité sainte, où Dieu reconnaît ses élus !
Vous prîtes sans pleurer, — les pleurs ne coulaient plus ! —
Le naïf souvenir des heureuses années ;
Et, retournant auprès des Sœurs tout étonnées :
« Venez ! » On approcha sans bruit et pas à pas.
La malade, les yeux mi-clos, ne dormait pas.
Devant elle, debout, dans sa coquette pose,
On plaça doucement la dame au teint de rose,
Qu'un rayon de soleil embellissait encor.
Une Sœur se penchant dit : « Je crois qu'elle dort. »
Mais l'enfant aussitôt regarda. La surprise
D'abord parut troubler sa pauvre âme indécise ;
Elle n'osait parler, sans trop savoir pourquoi.
Elle entendit alors : « Ma fille, c'est pour toi ! »

Un cri profond sortit de sa lèvre entr'ouverte :
La fièvre du désir dressa son corps inerte ;
Et, quand elle frôla les plis du vêtement,
Elle éprouva ce doux et long frémissement
Qui décèle la femme et présage la mère ;
On eût dit qu'elle avait entrevu sa chimère.
Un regard ineffable, éthéré, radieux,
Se levant sur le vôtre, illumina ses yeux ;

Un sang vif afflua vers ses pâles pommettes :
Pour la première fois, devant les Sœurs muettes,
L'enfant goûta sur terre un bonheur ignoré,
Et se mit à sourire, — et vous avez pleuré !

1870.

XXIII

LES PEUREUX

Ils ont peur ! La jeunesse est pour eux trop légère !
Ils condamnent tout haut, ils redoutent tout bas,
Défenseurs attardés d'une œuvre mensongère,
L'avenir qui leur manque et la foi qu'ils n'ont pas !

Parler, penser, chercher, mots de langue étrangère,
Qu'ils entendent à peine, et traduisent « combats » ;
Et toute liberté leur semblerait trop chère,
Qui trouble leur sommeil ou hâte leur repas !

Passons outre. Jamais, de ces âmes craintives,
Et dans leur gravité béatement captives,
De ces sages enfin pour qui nous sommes fous,

— Pauvres déshérités, race longtemps proscrite
Que tremble d'embrasser leur tendresse hypocrite, —
Un saint élan du cœur ne descendra vers vous !

    1860.

XXIV

LE MODÈLE

A MON AMI LÉON BONNAT.

I

O belle Juive! ô Rébecca!
Dieu même au berceau te marqua
Du signe étrange de ta race :
Il mit sur ton front, dans tes yeux,
Ce prestige mystérieux
    Que rien n'efface.

Il te donna ces cheveux noirs
Dont tu déroules tous les soirs,
En souriant, les lourdes tresses ;

Il modela ces longues mains
Qu'envieraient les princes romains
  Pour leurs maîtresses;

Dans tes regards il mit des feux
Qui nous consument, quand tu veux,
Du fond de leur prunelle noire;
Sublime artiste, il te donna
Ce pur visage, et dessina
  Ton col d'ivoire!

J'ai vu ce profil sérieux
Et ces dédains impérieux
Sur la médaille et le camée;
Tu croissais aux bords du Jourdain,
Ou dans le céleste jardin,
  Fleur parfumée!

Quand elle reçut l'anneau d'or,
La vierge du sang de Nachor,
A la source, avait ta démarche;
Tes seins féconds et triomphants
Auraient allaité dix enfants
  D'un patriarche!

Pour te placer à ses côtés,
Du milieu des mille beautés
Qu'assemblait devant lui l'Asie,
Ébloui du premier coup d'œil,
Assuérus, avec orgueil,
    T'aurait choisie!

II

Et, dans la brume de Paris,
Des rapins sont tes favoris :
Leur caprice obscur te courtise!
Et cette royale beauté
— O misère! ô nécessité! —
    Est marchandise!

Le peintre a besoin de ces yeux,
De ces contours harmonieux
Qui palpitent dans chaque membre :
Nous verrons au Salon prochain
S'étaler aux murs ton beau sein
    Couleur de l'ambre!

Et tu gravis son escalier :
Les cent marches de l'atelier
Font haleter cette poitrine;
Et, chaque jour, tu poses là
Pour Judith ou pour Dalila,
  Pour Messaline!

Tu délaces ton brodequin
Près de l'informe mannequin
Dont tu viens occuper la place,
Et qui, coiffé de ton chapeau,
Du sommet de son escabeau
  Fait la grimace!

Et tu montres sans embarras
Ta gorge impudique et tes bras,
Humble esclave au geste soumise :
Et te dévoiles ton flanc nu
A ce barbouilleur inconnu
  Qui te méprise!

Tu viens à l'heure, au jour, au mois;
Tu fais rougir le bon bourgeois,

Dans ton ample tartan drapée;
Et tu jouis, l'œil effronté,
De ta classique nudité,
    Femme-poupée!

Allons! déjeune : il est midi.
Étire ce corps engourdi,
Répare un instant ce désordre;
Cherche tes fruits dans ton panier :
Telle Ève, au pied de son pommier,
    Devait y mordre!

Tandis qu'un grossier madrigal
Vient assaisonner ton régal,
Approche du tuyau de tôle,
Rêve à ton ciel bleu d'Orient,
Et réchauffe, tout en bâillant,
    Ta brune épaule!

III

O Rébecca! que ne vis-tu,
Avec ta force et ta vertu,

Dans l'oasis et sous la tente !
Il te faut les cieux africains,
Et la coiffure de sequins,
    D'or éclatante !

Pourquoi — capricieux hasards ! —
Es-tu si loin de ces bazars
Et des harems que tu mérites ?
Si loin des palais enchantés
Où de moins parfaites beautés
    Sont favorites ?

O chute ! O spectacle navrant !
Ce front, ce sourire enivrant,
Cette âme d'ardeur consumée,
Qui languit sous cet œil distrait ;
Cette reine à qui l'on dirait :
    « Ma bien-aimée ! »

Deux cents crayons ont dessiné
Les plis de ce corps satiné,
Et vingt peintres, sur une toile,
Ont étalé complaisamment
Ces beaux tons d'or que tout amant
    Couvre d'un voile !

O Rébecca! Pour effacer
La tache infâme, et nous laisser
Ton image idéale et pure,
Que l'art sacré, touchant ton front,
De ton passé lave l'affront
    Et la souillure!

Que ce corps, aux dédains livré,
Par le pinceau transfiguré,
Avant de vieillir s'éternise!
Que, du moins, un peintre immortel
A ta beauté dresse l'autel
    Qui divinise!

Et qu'un poète naisse un jour,
Qui soit pour elle épris d'amour,
Et dise, en rêvant au modèle,
Par tes fiers regards poursuivi,
Immobile, triste et ravi :
    « Qu'elle était belle! »

XXV

LA SŒUR GRISE

Dans un coin de la voiture
Était une jeune Sœur :
L'humble vêtement de bure
Faisait valoir sa figure
D'une angélique douceur.

Que sa pudeur me pardonne !
Mes yeux ne la quittaient pas.
Jamais plus chaste madone
Du chrétien qu'on abandonne
Ne fut le rêve ici-bas !

Le monde, dont les plus sages
Gardent le sombre reflet,
Et qui flétrit tous les âges,
N'eut jamais de ces visages
Formés de nacre et de lait !

Nul air des champs, point de hâle ;
Bandeau blanc et voile noir
Encadraient sa tête pâle ;
Le regard seul, fixe et mâle,
Semblait penser et vouloir.

A sa compagne ordinaire,
Près d'elle assise et montrant
Sa face heureuse et vulgaire,
On l'aurait crue étrangère,
Et comme d'un autre rang.

Immobile, sans sourire,
Ignorant une beauté
Trop pure pour la décrire,
Elle pressait, sans y lire,
Un livre de piété.

Sa main, — souvenir profane! —
Sa main, je la vois encor,
Sur le velours qui se fane,
Blanche, longue et diaphane,
Étreindre le fermoir d'or!

Dans son ombre confinée,
Toute à l'oubli du réel,
La vue aux vitres tournée,
D'une ferveur obstinée
Elle regardait le ciel;

Le ciel gris, noyé de brume,
Le ciel de l'âpre saison,
Plus lourd sur le toit qui fume,
Que la voûte où se consume
L'hôte obscur d'une prison!

Pauvre enfant, qu'y cherchait-elle,
Avec ses yeux grands ouverts?
Pour quelle plage fidèle
S'envolait l'âme immortelle,
Grelottant sous nos hivers?

Où s'égarait cette vue,
Avide d'éternité ?
De quel espoir dépourvue,
Sous quelle charge imprévue
Succombait la volonté ?

Non, cette invisible flamme,
Ce n'est pas l'amour divin :
C'est le passé qui réclame !
Non, ces lèvres, non, cette âme
N'ont pas dit que tout est vain !

Non, la sereine pensée
N'a pas ce navrant regard ;
Cette enveloppe affaissée
Trahit une âme blessée
Où le ciel n'a qu'une part !

O créature souffrante,
Vierge aux pudiques regrets,
Dont la grâce pénétrante,
Dans la foule indifférente,
Arrêta mes yeux distraits :

Un voile sur le mystère
De ta mortelle pâleur!
Ne demande à cette terre
Que d'y porter, solitaire,
Le secret de ta douleur!

1857.

XXVI

HISTOIRE D'UN CONTE

A JEANNE HUGO.

Le Grand-père, sublime et souriant génie,
Sentait près des enfants son âme rajeunie ;
Il aimait les joyeux entretiens des petits ;
Il avait des festins pour tous leurs appétits ;
Changeait en liqueur d'or, goutte à goutte versée,
L'intarissable flot de sa large pensée ;
Trouvait pour eux des chants d'ineffable bonté :
Mais son livre immortel [1] n'a pas tout raconté.

Un jour, pour dissiper quelque songe morose,
Jeanne sur ses genoux posa sa tête rose,
Et, levant jusqu'à lui son regard caressant :
« Une histoire, grand-père !... une belle !... » Il consent,

---

1. *L'Art d'être grand-père.*

Et, comme un cavalier enfourche sa monture,
Il commence. C'était une étrange aventure,
Un récit merveilleux, formidable et charmant,
De ceux que les petits boivent avidement,
Le cou tendu, l'œil fixe et la lèvre entr'ouverte :
Car pour eux tout est crainte, attente, découverte,
Étonnement naïf, effroi délicieux ;
Et leur jeune surprise est le bonheur des vieux !

D'abord, il mariait les rois avec les reines,
Et montrait les berceaux entourés de marraines,
Et les dons prodigués, — perfides quelquefois, —
Et les chasses troublant la paix des vastes bois,
Les danses, les banquets énormes, les largesses,
Les beaux princes rêvant des petites princesses,
Et les bouffons rieurs, et les nains contrefaits,
L'enchanteur oublié méditant ses forfaits,
Et choisissant les cœurs les plus tendres pour cibles !

Puis, il fixait aux flancs de rocs inaccessibles,
Près du Rhin, de grands burgs pleins d'un mystère affreux,
Qui bravaient les assauts des vaillants et des preux.
Là pleuraient jour et nuit de pauvres prisonnières,
Aspirant aux barreaux les brises printanières,
Prêtant l'oreille aux pas de leurs geôliers jaloux,
Ou frissonnant d'horreur aux hurlements des loups.

Et c'étaient de longs cris d'angoisse sous les voûtes,
Tandis que soulevaient la poussière des routes
Dix chevaliers bardés de fer, fous de combats !
A minuit chevauchaient dans l'air, pour leurs sabbats,
Excitant du talon leurs bêtes échauffées,
Au-dessus des halliers obscurs, les blanches fées !
Et les veuves des rois, au fond de leurs manoirs,
Passaient et repassaient sous leurs longs voiles noirs :
L'une appelait son fils parti ; l'autre, affolée,
Se mourait du souci de sa fille volée.

Mais l'aube s'empourprait, chassant ces visions.
Les grands bois s'égayaient soudain : éclosions
De fleurs, gazouillements d'oiseaux bleus, cavalcades
Sur les gazons des parcs, concerts sous les arcades
D'un palais enchanté, fait d'or et de cristal,
Qui servait de retraite à Pépin d'Héristal.
Et, malgré les torrents gonflés brisant les arches,
Les dragons apostés troublant les rudes marches,
Et les murs, et les feux, les hardis paladins
S'avançaient, lance au poing, à travers les jardins,
Où l'arbre se changeait en guerrier, où la plante
Sous les pieds des chevaux agonisait sanglante ;
Et découvraient enfin, faible, dormant encor,
La princesse aux yeux bleus, la belle aux cheveux d'or,

Sur son lit par ces bruits d'armures réveillée.
Jeanne écoutait l'aïeul, ravie, émerveillée;
Rougissait, pâlissait tour à tour, observait
Sur le front du vieillard comment ce qu'il rêvait
Pouvait naître, et comment du fond de sa pensée
Jaillissaient les récits dont elle était bercée.
Lui, poursuivait toujours sans se lasser, gardait
Sa majesté sereine et grave, s'attardait,
Et crédule lui-même à ces grands coups d'épée,
A la taille de Jeanne ajustait l'épopée!
Il passait de nouveau des fleurs aux tristes bois;
Des oiseaux gazouillants, aux effroyables voix;
De la belle éveillée, aux horribles sorcières,
Dont il faisait courir les faces grimacières,
Les yeux rouges de sang, les rires ennemis,
Dans les froids corridors des palais endormis.

Or, il faisait très beau; l'air était pur; la mousse,
Là-bas, près du bassin jaseur, semblait si douce!
Le soleil se jouait dans les saules tremblants;
Les œillets s'inclinaient sous les papillons blancs;
On entendait chanter les pinsons dans les haies;
Les vieux lilas prenaient un faux air de futaies;
Et, déjà plus distraite auprès de son ami,
L'enfant n'écoutait plus le récit qu'à demi,
Prêtant de loin l'oreille à cette autre harmonie!

Et lui, comme enivré des jeux de son génie,
Compliquait l'action, variait le décor,
Entassait l'impossible, et promenait encor
Sous les arceaux sans fin des prisons souterraines
Les princesses pleurant les dons de leurs marraines;
Ou, ramenant les preux au pied des hautes tours,
Redoublait les assauts, les adieux, les retours.

Mais Jeanne avait perdu le fil du long poème :
Le péril lui semblait fade, — et toujours le même !
Et voilà qu'au plus beau du récit, au moment
Où le conteur allait, plein de son dénoûment,
Faire éclater d'un coup, comme ailleurs dans ses drames,
Ses plus puissants effets et ses plus fortes trames,
Elle, se décidant, de sa plus fraîche voix :
« Tu me raconteras le reste une autre fois ! »
Et, par une magie invincible attirée,
— Princesse, du géant elle aussi délivrée, —
Vers les papillons blancs, d'un bond, elle courut,
Et dans le vert taillis, alerte, disparut...

Le poète sourit, pensant : « O rêve ! ô gloire ! »
Et l'on n'a jamais su la fin de cette histoire.

1886.

XXVII

LA FILLE AUX BOBINES

A J....

Dans ces terribles ateliers
Qui vendent du travail aux femmes,
Il est des tableaux familiers
Faits pour troubler longtemps les âmes;

Sous ces châssis et ces plafonds
Où logent cent visages blêmes,
Le vice aux mystères profonds
Nous pose d'effrayants problèmes;

Un rien parfois découvre à l'œil
D'obscurs secrets, dont l'analyse
Est un défi pour notre orgueil,
Qui raisonne et qui moralise;

Et tous les livres les plus beaux
Ont peine à rendre l'épouvante
Que font naître ces longs tombeaux
Où la pudeur descend vivante!

Un jour, distrait aventurier,
J'entrepris un pèlerinage
Aux vertes pentes du mûrier,
Dans les cantons du moulinage.

J'admirais comme en longs fils d'or,
Sur les métiers, de broche en broche,
La soie invisible se tord,
Se double, et fuit, et se rapproche.

Je vis, par hasard, en passant
Au milieu de faces hideuses,
Un profil pur et ravissant,
Dans l'atelier des dévideuses;

Un être frêle, qui semblait
A quinze ans n'en compter que douze ;
Une fillette, qu'affublait
Une robe en forme de blouse ;

Un petit ange, en cet enfer
Où la matière est tyrannique,
Où l'âme passe dans le fer,
Et par le fer se communique.

Parmi ces vieilles au front gris,
Je distinguais ses blondes tresses ;
Et ses pauvres bras amaigris
Racontaient d'affreuses détresses ;

Mince et pâlotte, à son métier
Elle s'agitait sans relâche ;
Le jour, pour elle, tout entier
N'était qu'une implacable tâche ;

Sous les bobines qui tournaient,
Rattachant chaque brin de soie,
Ses petits doigts allaient, venaient,
Serraient ou lâchaient la courroie ;

Elle était là, sur ses talons,
Depuis l'aube, auprès des machines,
Et secouait ses cheveux longs.
Pour rire avec ses deux voisines.

Elle riait, oui! — Je voulus
La voir de plus près à l'ouvrage,
Sourire à ses doigts résolus,
Et saluer ce fier courage.

Je la prenais pour une enfant :
Quand je vis — abîme insondable! —
Sa taille épaisse, et, par devant,
Sa robe au relief formidable !

Le vice infâme et sans dessein
Avait fait son œuvre sommaire ;
Et le lait lui montait au sein,
A cette enfant près d'être mère !

Mais ce qui me glaça le cœur,
C'est qu'elle était calme et paisible,
L'air satisfait, plutôt moqueur,
Dans une attitude indicible.

Et qu'avec son regard charmant
Et sa lèvre au rire si prompte,
Elle portait effrontément
Le poids sacré de cette honte !

1863.

XXVIII

SOMMEIL

A MON AMI L. LAURENT-PICHAT.

Je voudrais m'endormir d'un sommeil léthargique,
En ce temps de misère et d'asservissement,
Où nul cœur ne bat plus, où nulle âme énergique
N'ose avouer sa honte et son abaissement !

Je voudrais, enchaîné par un pouvoir magique,
Demeurer sans regard, sans voix, sans mouvement,
Pour renaître au delà de cet âge tragique,
Et pour me retrouver jeune en me ranimant !

SOMMEIL.

J'aurais autour de moi laissé la tyrannie,
Le mensonge vénal, la vérité bannie,
Et la raison mourante, et le droit souffleté

Et soudain, aux rayons d'un soleil qui m'inonde,
Éclairant à la fois et ma couche et le monde,
Je me réveillerais en pleine liberté !

1853.

XXIX

LE LIS BLANC

Oh! triste! — Le lis blanc taché de boue immonde!
La robe virginale arrachée en lambeau!
Tout ce qu'on peut rêver de plus pur en ce monde,
Tout ce que la jeunesse a de saint et de beau,
L'innocence à quinze ans, l'oiseau qui s'effarouche,
La rose ouverte à peine aux rayons du matin,
Qui s'effeuille aussitôt sous le doigt qui la touche,
La lèvre où reste encore un sourire enfantin :
Tout est perdu, flétri, sans retour, sans remède!
La honte a fait son œuvre; un instant a suffi;
Car tu passais par là, misère, à qui tout cède,
Sphinx dont la voix nous jette un éternel défi!

L'avez-vous vu sortir de cette noire allée,
Le vice encor surpris qui ne se connaît pas,
Le vice dans la fleur hier immaculée,
La fillette de Greuze ayant glissé plus bas?
L'enfant gauche, aux yeux bleus qui regardent en face,
Et dont le doux regard veut être provocant?
Timidité mourante et qui joue à l'audace,
Dernière chasteté qui lutte en abdiquant!

Oh! triste! — La débauche a bien choisi sa proie.
Dans un corps plus parfait jamais n'avait battu
Un cœur mieux préparé pour toute honnête joie :
Jamais vice n'avait promis plus de vertu!
Tout est mort. Prends le deuil, ô foyer domestique!
Maudit soit le premier, pour tant de lâcheté,
Jeune ou vieux, riche ou pauvre, amoureux ou sceptique,
Qui, voyant ce front-là, ne l'a point respecté!

1859.

XXX

LA PART DE L'AMOUR

A MON MAITRE ET AMI JULES SIMON.

Souvent, durant les nuits sombres et pluvieuses,
J'ai vu les chiffonniers, tribus silencieuses,
De leurs rouges falots balançant les reflets,
Descendre des faubourgs, comme des feux follets.
Hommes, femmes, enfants, pleins d'aspects funéraires,
La hotte au dos, pareils à de grands stercoraires,
Le long des pavés gras s'abattent par moment,
Et fouillent dans l'ordure avec acharnement.
Ils ont, loin du soleil, sur leurs visages hâves,
Cet air étiolé qu'ont les plantes des caves;

Et, comme elles, voués au noir, sinistres fleurs,
Ils gardent de la nuit les morbides pâleurs.
Souvent je les ai vus, vers le soir, spectres mornes,
Encor tout endormis, s'accroupir près des bornes,
A l'angle des vieux murs, pêle-mêle étendus,
Si bien qu'avec la boue on les eût confondus !
Les petits, pauvres corps grêles et rachitiques,
Formaient de leurs falots des cercles fantastiques,
Et riaient tristement, assis en rond, vêtus
De ces haillons à qui nous voulons des vertus !
Qui pourrait les noter, les bizarres colloques
Qu'échangent dans la nuit tous ces chercheurs de loques
Tous ces fils de la fange et de l'obscurité,
Qui n'ont pas abdiqué leur part d'humanité ;
Qui, parce qu'une hotte a dansé sur leurs lombes,
N'en connaissent pas moins les berceaux et les tombes
Ont la joie, et la haine, et le farouche amour,
Dans leurs nuits sans sommeil et leurs âmes sans jour
Ils aiment, ces gens-là !

      L'autre soir, une troupe
Se partageait la rue, un tas pour chaque groupe.
Ils couraient, se hâtaient d'arriver les premiers
Sur ces entassements hideux et ces fumiers ;
Ils se ruaient dessus avec des cris de joie,
Comme d'âpres corbeaux picorant dans leur proie

Quand un gars, s'approchant d'un ignoble monceau
D'épaves, qui gisaient au revers d'un ruisseau,
Où s'étalaient, jetés hors des maisons voisines,
Pour d'horribles menus, les reliefs des cuisines,
Se campa devant, prêt à s'offrir en rempart,
Car trois autres suivaient, qui convoitaient leur part ;
Mais lui, casquette au nez, bien cambré sur ses hanches,
Déjà pour le combat relevait ses deux manches ;
Et, — tandis que dans l'ombre, appelant son amant,
Une pâle femelle accourait lestement,
Et montrait, retroussant quelques hardes crasseuses,
Sa jambe nue et maigre aux chevilles osseuses,
Sauvage, l'œil ardent sous ses longs cheveux roux,
— Il écartait ses trois compagnons : son courroux,
Que d'un reflet sanglant la lanterne illumine,
Même sous ses haillons lui donnait fière mine ;
Et, levant son crochet, il dit : « Je prends ce tas !
Il est pour ma maîtresse : on n'y touchera pas ! »

1869.

XXXI

MYTHOLOGIE

A MON AMI EDMOND ABOUT.

La chambre sous les toits était petite et sombre,
Et racontait aux yeux tout un passé de maux.
On voyait près du mur, face à face, dans l'ombre,
Sous leurs rideaux à fleurs deux pauvres lits jumeaux

Près des meubles flétris, reliques d'un autre âge,
S'étalaient au hasard, sur le marbre ou le bois,
Quelques vieux souvenirs, épaves d'un naufrage,
Cristaux jadis entiers, bouquets frais autrefois.

Deux pastels suspendus aux tentures fanées
Dans leurs cadres ternis souriaient tristement :
Jeune homme dans l'éclat de ses vertes années,
Jeune blonde poudrée, au visage charmant!

On avait couché là, dans l'étroite demeure,
Deux ombres, deux vieillards, la femme et le mari.
Tous deux, le même jour et presque à la même heure,
Avaient senti la mort : tous deux avaient souri!

Rien n'avait séparé leur cœur ni leur fortune,
Durant la longue route et les soucis pesants;
Ils avaient, dépassant la mesure commune,
Elle soixante-seize, et lui quatre-vingts ans.

Ils étaient sans amis, sans enfants, sans un être
Qui fût par leurs regards doucement caressé :
Hélas! qui vit longtemps voit beaucoup disparaître!
Les destins avaient tout repris ou dispersé.

Ils vivaient comme vit la misère cachée,
D'un maigre revenu qui défend de la faim;
Des choses d'ici-bas dès longtemps détachée,
Leur vieillesse avec joie aspirait à sa fin.

Un seul ennui troublait une amitié si tendre :
Mais ils se dérobaient leur mutuel effroi ;
Dieu désunirait-il, avant de les reprendre,
Ce couple d'amoureux qui n'ont plus que leur foi ?

Pas à pas cependant ils achevaient la route ;
L'un sur l'autre appuyés, on les voyait venir,
S'affaiblissant tous deux sous l'âge qui les voûte,
Échangeant à mi-voix quelque vieux souvenir.

Un matin, l'un fléchit sous la suprême étreinte ;
L'autre, du même coup, fut frappée à l'instant :
On les coucha tous deux. Sans surprise et sans plainte
Ils saluaient ce jour, — heureux et le fêtant !

Leurs âmes pour partir sont déjà confondues ;
Un calme plus qu'humain sur leurs vieux fronts se lit
Les yeux cherchant les yeux, les mains de loin tendues
Ils causent doucement de l'un à l'autre lit :

« Ami, te souviens-tu de ce temps, disait-elle,
Où, lisant avec toi les antiques récits,
Jalouse de t'aimer d'une amour immortelle,
J'enviais, en pleurant, Philémon et Baucis ?

O Dieu bon! disions-nous, qu'à notre heure dernière
Nous puissions l'un et l'autre échanger un regard!
Ne nous sépare point! — C'était notre prière. —
Prends-nous, jeunes ou vieux, mais unis au départ!

Le ciel nous fera-t-il cette grâce divine?
Un nuage s'étend sur mon regard troublé :
Est-ce déjà la mort qui glace ma poitrine?
Que sens-tu? Notre vœu va-t-il être comblé? »

— Ce que je sens? dit-il, un sommeil, une ivresse,
Une étrange torpeur que je n'éprouvais pas.
Un poids semble monter à mon sein qu'il oppresse,
Et vers toi vainement je veux tendre mes bras! »

Pourtant ce n'était pas le tilleul ou le chêne
Dont l'écorce croissante étouffait leurs efforts;
Ce qu'ils sentaient ainsi, c'était la fin prochaine,
C'était le froid mortel qui glissait dans leurs corps!

Leur âme seule entrait dans sa métamorphose :
Point de temple pour eux, de pèlerins ravis;
L'indigence et l'oubli pour toute apothéose,
Et la mansarde obscure, hélas! pour tout parvis!

Un silence se fit dans la chambre paisible,
D'où tout soin de la terre était déjà banni.
Calmes, et se penchant vers le monde invisible,
Tous deux se recueillaient au seuil de l'infini.

Comme le flot qui meurt sur la plage déserte
Accoutume l'oreille à son bruit familier,
On entendait sortir de leur lèvre entr'ouverte
Leur haleine plus lente au souffle régulier.

Une fois seulement ils s'éveillent encore;
Elle dit : « A bientôt! » il murmure : « Au revoir! »
Une vieille voisine, humble âme qui s'ignore,
Taciturne témoin, les veilla jusqu'au soir.

Dormez en paix, vieillards! Plus d'un cœur vous envie,
Vous qu'un même instant couche en un double linceul!
Vous n'aurez pas connu le tourment de la vie :
Survivre à ce qu'on aime, et se retrouver seul!

1860.

XXXII

CAÏN ET ABEL

A MADEMOISELLE GENEVIÈVE SARDOU.

Au sommet du coteau de Marly, l'autre été,
Dans un fin paysage inondé de clarté,
Le long des gazons verts du grand parc, côte à côte,
Tous deux nous cheminions devisant, moi, votre hôte,
Et vous, maître inspiré du théâtre, dompteur
De la foule, toujours très doux au visiteur.
Et vous me racontiez les histoires passées,
Rire ou larmes, discrets romans, âmes blessées,
Senteur de musc unie aux parfums printaniers,
Drames éclos ou morts sous ces hauts marronniers

Dont Figaro jadis eût peuplé les quinconces,
Ou sur ces bancs moussus, envahis par les ronces.
Puis, vous évoquiez l'Art et ses obscures lois ;
L'enchanteur animait, du geste et de la voix,
Toutes les passions, vivantes sur la scène ;
Faisait chanter l'amour, faisait rugir la haine :
Et moi, vieil écolier, je m'instruisais encor,
Au point d'en oublier le magique décor !

Tout à coup, devant nous, au tournant d'une allée,
Une enfant apparut, qui pleurait désolée,
Ainsi qu'un petit ange exclu d'un paradis.
Elle approchait de nous qui restions interdits,
Marchant d'un pas rapide et la tête baissée ;
Et les sanglots gonflaient sa poitrine oppressée.
Ah ! chagrin des enfants, qu'on ne supporte pas !
Vers la fillette en pleurs nous hâtâmes le pas,
Tandis qu'elle accourait vers les bras de son père
Prompt à lui demander ce qui la désespère.
Avait-elle sept ans ? Je ne sais. Mais ses cris
Nous laissaient, à la fois, inquiets et surpris,
Tant sa douleur semblait convaincue et fondée !
« Es-tu tombée ? As-tu du mal ? T'a-t-on grondée ?...
Que fais-tu seule ici ?... Qui donc te surveillait ?...
J'ai cru que ta maîtresse avec toi travaillait.

Qu'as-tu, mon cher amour ? Réponds-moi, réponds vite ! »
Et, penché tendrement, vous serriez la petite,
Baisant sa pâle joue et ses longs cils soyeux.
— « Abel est mort !... Caïn l'a tué !... » De ses yeux
Les pleurs coulaient plus fort, comme si le vieux crime,
Et le premier coupable, et la pure victime,
Dans quelque cauchemar lointain s'étaient fait voir.
Vous me dites alors : « Elle aura pris, ce soir,
Sa première leçon d'histoire, ou la seconde ;
Nous n'en sommes encor qu'aux jours naissants du monde,
Et la chère petite a compris vaguement !... »

Ah ! pauvre enfant ! Déjà des pleurs ! Ton cœur aimant,
Au premier sang versé, se révolte et réclame !
Cette mort te fait peur et trouble ta jeune âme !
Mais que diras-tu donc quand tu verras, plus tard,
Cette race d'Adam, criminelle au départ,
Et l'histoire de sang tachée à chaque page,
Et Caïn sur Abel se ruant d'âge en âge :
Meurtres sur les chemins, meurtres dans les cités,
Meurtres jusqu'aux foyers d'horreur épouvantés ;
Échafauds et gibets que le bourreau prépare ;
Évangiles d'amour dont la haine s'empare ;
Rouges pétillements des bûchers allumés ;
Troupeaux d'hommes partout au massacre animés ;

Assauts laissant aux murs leurs béantes entailles ;
Sombre férocité des antiques batailles,
Où le sang venait battre au poitrail des chevaux ;
Abominations de nos combats nouveaux,
Dont les engins maudits, qu'un moissonneur promène
Fauchent, en longs sillons, une récolte humaine ;
Fratricides partout, sous les noms les plus beaux
Qui sonnent la fanfare au-dessus des tombeaux !

Et tous deux nous songions à ces choses étranges.
Voilà donc ce qu'il faut apprendre à nos doux anges
Le sourire à la lèvre et l'innocence au front,
Voilà ce qu'ils liront, voilà ce qu'ils sauront !
On voudrait épargner ces êtres que l'on aime,
Leur laisser ignorer l'insoluble problème.
Le grand parc est si gai, si fleuri le gazon !
Un Couchant si tranquille empourpre l'horizon !
Le soir paraît si bien nous bercer ! La Nature
Semble si maternelle à toute créature !
Ces enfants, on voudrait, prolongeant leurs ébats,
Leur dire : « Allez ! jouez ! — Et ne grandissez pas !
L'homme est bon, l'homme est juste, et la terre est heureu
S'il faut lutter parfois, la lutte est généreuse ;
Les nobles intérêts sont les seuls débattus,
Et toutes passions s'achèvent en vertus ! »

Mais non : la vieille histoire est là, qu'on étudie !
Pauvre petit public, à notre tragédie
Ton précoce savoir s'est mal habitué :

Hélas ! Abel est mort, — et Caïn l'a tué !

1886.

XXXIII

LA PRIÈRE DES FOLLES

A MON AMI GUSTAVE DORÉ

C'est ici le logis terrible où l'épouvante
Habite : c'est ici la vision de Dante :
Il y pourrait trouver tout un enfer nouveau,
Dont les cercles sans fin roulent dans le cerveau.
Entrons. Mais, pour franchir sans effroi cette porte,
Il faut une raison solide, une âme forte.
La démence est partout; le vertige insensé
Vous prend; partout se tient l'invisible Circé.
L'angoisse étreint les cœurs et suspend les paroles
C'est le morne hôpital, c'est la maison des folles.

Les voyez-vous venir, du préau, des dortoirs,
Avec leurs jupons gris, avec leurs bonnets noirs,
Pareilles aux oiseaux de nuit, troupe effarée?
Elles semblent chercher leur raison égarée.
Chacune marque à l'autre un superbe dédain.
Dans la salle commune ou le triste jardin,
Stupides, elles vont : les folles taciturnes,
Ayant en plein soleil des visions nocturnes;
Les saintes, aspirant à la perfection,
Dans l'immobilité de la dévotion;
La monomane heureuse embrassant sa chimère;
La mère qui ne peut se passer d'être mère,
Et qui caresse encor, sans croire à l'abandon,
Un enfant qu'elle a fait d'un lambeau d'édredon;
La folle mendiante, en ses haillons drapée,
Demandant aux pavés sa couronne usurpée;
La rieuse idiote aux secrètes gaîtés;
Et la procession des regards hébétés,
Qui passent lentement le long de la muraille;
Et la folle qui chante, et la folle qui raille,
Et celle dont le cœur nourrit quelque grand deuil,
Et qu'on voit s'accroupir dans les coins, sur le seuil,
Les yeux creux, dilatant d'effroyables prunelles,
Grotesque Niobé des douleurs éternelles!

Ce ne sont que cerveaux aux pensers incertains,
Comme de vieux manoirs hantés par des lutins :

Vieilles aux voix d'enfants, enfants aux voix de vieilles ;
Des faces qui, de loin, semblent toutes pareilles ;
D'affreux crânes pointus, petits comme le poing,
Où la raison voudrait sa place, — et ne l'a point ;
Des gestes à troubler les têtes les plus saines ;
Des extases d'amour, des caprices obscènes ;
Et, sur des traits ridés où tout se racornit,
Ce sourire effrayant qui jamais ne finit !

Pourtant quelques regards sont sérieux et graves ;
Des lueurs de raison éclairent des yeux caves ;
De sublimes discours désarment nos mépris :
Les fous parfois ont l'air de sages incompris,
Qui, pareils à des sphinx allongés sur le sable,
Ont l'œil sur un objet pour nous insaisissable !
Oui, l'on dirait alors, en vous voyant, ô fous,
Que l'idéal perdu se réfugie en vous ;
Qu'en vous rêve et médite un penseur qui s'ignore :
Car c'est chez vous, hélas ! que l'on retrouve encore
Pour le beau, pour le bien, des esprits résolus,
Des élans de grandeur que la raison n'a plus,
Et des mots généreux qui sortent de la bouche
Si naturellement, — qu'on les traite à la douche !

Et je marchais de salle en salle, sans dessein,
Sombre, réglant mes pas sur ceux du médecin.

Ce n'étaient là pourtant que folles ridicules :
« Suivez-moi, me dit-il, nous allons aux cellules. »

Il me fit redescendre et monter, à travers
Des escaliers étroits, des corridors déserts ;
Chaque porte rendait un sourd bruit de ferrailles ;
Une odeur de folie imprégnait les murailles.
Puis, tout à coup, des voix, des pleurs, des grincements,
Des cris aigus mêlés à de longs hurlements,
Tels qu'il en peut sortir d'une ménagerie
Où la chair fraîche met les bêtes en furie !
Et je vis des regards et des formes sans nom
Apparaître aux barreaux de chaque cabanon ;
Des spectres se dressaient hideux sur mon passage,
Et, dans l'ombre, semblaient des hyènes en cage,
Dont les yeux flamboyants s'attachaient à mes pas,
Dont les cris sont de ceux que je n'oublierai pas !

Raison, de quel foyer viens-tu, pâle étincelle ?
De quelle force obscure, impalpable parcelle,
As-tu jailli ? Quand l'homme, en ce monde jeté,
Mesure sa misère et son infirmité,
Il ne vaut que par toi, flamme étrange, allumée
Dans les mille replis de la chair animée !
Si le travail qu'il fait survit au lendemain,
C'est que ta clarté guide et dirige sa main ;

Et si, luttant avec la matière implacable,
Il soulève le poids des choses qui l'accable,
C'est qu'il a ton secours sans égal, c'est qu'en lui
Son levier, pour agir, trouve ton point d'appui !
Mais cet appui, combien pour nous il est fragile !
Le don mystérieux fait à ce corps d'argile,
Que l'orgueil divinise et met à si haut prix,
Que de fois la Nature, en jouant, l'a repris ;
Ou même, dédaignant son œuvre commencée,
Négligeant de fournir jusqu'au bout la pensée,
A laissé l'âme informe et grêle se flétrir,
Comme un fruit mal noué qui ne peut plus mûrir,
Et qui sèche et pourrit lentement sur la branche,
Ou que le jardinier divin coupe et retranche !
Raison ! Raison ! Qu'es-tu ? Qui dira ton secret ?
D'où vient que ton éclair brille, et puis disparaît ?
Qu'à ce point ta grandeur puisse être humiliée ?
Et que, dans ce cerveau qui te tient repliée,
Un coup soudain, troublant l'harmonieux accord,
Pour ceux qu'il a frappés fasse envier la mort ?

Nous passâmes ainsi, dans ce lugubre empire,
Combien de temps encor ? Je ne saurais le dire.
Près de mon compagnon, écoutant ses récits,
Je rêvais. Fatigués, nous nous étions assis,

Après de longs détours, sortis de tant de salles,
Dans une cour pavée avec de larges dalles,
Non loin d'une chapelle où des cloches tintaient.
Quelques lierres, cloués aux murs, y végétaient :
Et je voyais en face, ouvrant une fenêtre,
Par instants une vieille infirmière apparaître.

Le docteur, grave et doux, vers moi s'était tourné :
« Vous songez trop, dit-il. Allons ! L'heure a sonné ;
C'est dimanche : poussons vers la dernière étape ;
Car vous n'avez rien vu, si la fin vous échappe ! »
Dans la cour, tous les deux, nous fîmes quelques pas.
Des degrés, sous un porche ouvert en contre-bas,
Se présentaient à nous : nous étions dans l'église.

Sous de longs arceaux, peints d'une détrempe grise,
Un autel se dressait, paré de vieilles fleurs ;
Tout était triste et froid : les formes, les couleurs,
Les vitraux verts laissant filtrer un jour plus sombre,
Les bancs de chêne brun qui s'alignaient dans l'ombre,
Les lampes qu'une corde attachait au plafond,
Et l'orgue de village apparaissant au fond.
C'était Vêpres. Je vis, comme nous arrivâmes,
Par la porte opposée un cortège de femmes
Lentement s'avancer en files, sur deux rangs,
Et s'asseoir sans désordre, et remplir tous les bancs.

Au costume uniforme, aux yeux fixés à terre,
On aurait dit les Sœurs de quelque monastère,
Assistant à l'office et priant à la fois.
A peine chuchotait le murmure des voix ;
Et l'on pouvait noter sur ces faces vieillies
La grave expression des âmes recueillies.

Et soudain, aux accords lentement modulés
De l'orgue, j'entendis des sons doux et voilés
Sortir de cette foule étroitement unie :
C'était comme un soupir profond, une harmonie
Faible et vague ; les voix, répétant la leçon,
En sourdine d'abord, chantaient à l'unisson,
Et préludaient ensemble, à peine rassurées.
Le chœur mystérieux aux notes éthérées
Bientôt grandit, glissant le long des arceaux nus.

O folles, c'était vous, et je vous reconnus !
Pouvoir inexpliqué, métamorphose étrange :
Chaque vieille, en chantant, prenait la voix d'un ange !
Du monde où nous vivons d'avance retranchés,
Ces êtres semblaient purs et libres de péchés !
La prière divine, en passant sur leurs lèvres,
Avait calmé leur trouble et dissipé leurs fièvres.
A travers leur nuit morne ils ont vu le ciel bleu ;
Et — les anciens l'ont dit — ils sont plus près de Dieu !

Tandis que je rêvais ainsi, rebelle au doute,
Le cantique montait, montait jusqu'à la voûte,
Et — mystère profond de la sainte oraison! —
Changeait cette folie en suprême raison.

1870.

XXXIV

LA RIXE

I

Sur le pont d'un vaisseau, pour une bagatelle,
Deux matelots anglais se prirent de querelle.
On fit cercle : aussitôt ces robustes jouteurs,
Demi-nus, et pareils aux antiques lutteurs,
Sur leurs puissants jarrets brusquement s'affermissent,
Se mesurent de l'œil, s'embrassent et s'unissent,
Et tous deux, confondus, l'un à l'autre enlacés,
Ne forment plus qu'un corps, — vainqueurs ou terrassés.
D'abord ce n'est qu'un jeu dont la troupe s'amuse :
On applaudit la force, on admire la ruse;
Mais bientôt la colère aveugle les rivaux;
L'ivresse du combat monte à leurs lourds cerveaux,

Où le gin a porté la vapeur qui les trouble.
On veut les séparer : leur furie en redouble;
C'est à qui frappera ces coups insidieux
Qui font jaillir le sang de la bouche et des yeux.
Insensés, rugissants, ils écument, se tordent,
Des ongles et des dents se saignent et se mordent :
Des lions au désert, pour un nègre abattu,
D'un plus terrible effort n'ont jamais combattu.
La lutte ainsi durait depuis quelques minutes;
Ils roulaient, se levaient tout meurtris de leurs chutes,
Quand un coup plus habile, et prévu dès longtemps,
Atteignit à la tempe un des deux combattants.
On le vit aussitôt pâlir, affreux, livide,
Chercher un point d'appui pour ses bras dans le vide,
S'arrêter un instant, chanceler, se pencher,
Puis tomber de son long sur le sanglant plancher.

II

Or, c'étaient deux amis que ce couple de brutes
Qui tentaient, sur un mot, ces effroyables luttes!
Quand l'homme au lourd poignet vit tomber son ami,
Et contempla ce corps immobile et blêmi,
La raison lui revint, comme au sortir d'un rêve.
Il se dit quelques mots, sombre et d'une voix brève;

Puis, comme on l'entourait, poussant les matelots,
Il bondit vers le bord et sauta dans les flots.
Il nageait lentement à vingt pas de la poupe,
En criant : « Est-il mort ? » On s'empresse, on se groupe,
Et des jurons ! « Saisis l'amarre ! Pousse au bord ! »
Une seconde fois il leur crie : « Est-il mort ? »
On détache un canot, on lâche une bouée.
« Est-il mort ? » hurlait-il d'une voix enrouée.
On ne l'écoute pas ; on veut pêcher ce fou !
Un mousse cependant lui cria tout à coup :
« Il est mort. — Bien ! » dit-il ; et plongeant dans l'abîme,
Il alla devant Dieu retrouver sa victime.

1854.

XXXV

L'EAU QUI DORT

A MADAME ALPHONSE DAUDET

I

Au fond du parc, près de l'étang,
Un petit être rose et blanc,
    Dans l'herbe joue;
Couvant des yeux son séraphin,
La mère de baisers sans fin
    Rougit sa joue.

Depuis le matin, sans ennui,
Elle est assise auprès de lui,
    Rêve et l'admire;

L'EAU QUI DORT.

L'étouffe en riant sur son sein,
Ou l'incline vers le bassin,
    Pour qu'il s'y mire.

« Regarde, enfant, regarde encor,
Dans le miroir de l'eau qui dort,
    Ce doux visage !
Sais-tu quel est ce front charmant,
Qui prête son rayonnement
    Au paysage ?

« Vois-tu paraître, en t'approchant,
Du clair azur se détachant,
    La tête blonde ?
Pour ternir ce portrait connu,
Il suffirait de ton pied nu
    Effleurant l'onde.

« N'est-ce point un frère jumeau
Qui vient vers toi du fond de l'eau,
    En sens contraire ?
Tiens, penche-toi sur son chemin ;
Fais-lui signe, tends-lui la main,
    Au petit frère !

« Quand tu souris, ô mon mignon,
Vois comme ton gai compagnon
  Sourit de même!
Dis-lui qu'il est beau, qu'il est grand,
Que son sourire est enivrant,
  Et que je l'aime!

« Dis-lui que tu veux l'embrasser!
Avec moi tu peux te baisser,
  O cher timide!
— « Au revoir, frère! » — Il est parti.
Contre ta lèvre as-tu senti
  Sa lèvre humide?... »

Assez, mère, assez de ce jeu!
Aimer ainsi, c'est tenter Dieu.
  Sois grave, et prie!
De ces petits il tient les jours :
Je crains pour eux, je crains toujours
  L'idolâtrie!

II

Où donc est-il, le bien-aimé?
Pour le repas accoutumé

L'heure est venue ;
Longeant les gazons écartés,
Elle le sent à ses côtés,
    Et continue...

Pour quel but s'est-il échappé ?
Par quel mystère a-t-il trompé
    Sa vigilance ?
Il était là, dans le jardin,
Jouant autour d'elle, et soudain
    Tout est silence !

Des mille noms que son amour
Inventait pour lui, tour à tour,
    Elle l'appelle ;
Chaque taillis est visité.
De cet élan précipité
    Où donc court-elle ?

Dans le sentier connu, là-bas,
Elle a trouvé ses petits pas,
    Suivi sa trace :
D'où lui vient ce pressentiment
Qui la traverse en un moment,
    Et qui la glace ?...

III

Il a voulu revoir encor,
Dans le miroir de l'eau qui dort,
    Le petit frère;
Sourire et lui tendre la main,
Le voir venir sur son chemin
    En sens contraire;

Il a cherché son compagnon,
Penché vers lui son front mignon,
    Sa tête blonde;
Il veut lui dire des secrets,
Plus près, plus près, toujours plus près,
    Dans l'eau profonde.

Il approche, il va déposer
Sur sa lèvre un nouveau baiser,
    De bouche à bouche :
Oh! le froid baiser! C'est la mort
Qui le lui donne : et l'eau qui dort
    Ferme sa couche!

Ils sont ensemble sous les eaux,
Bercés parmi les verts roseaux,
  Le corps et l'ombre;
Et la mère, au bord du talus,
Reste assise, et ne quitte plus
  La place sombre;

Dans le lac aux reflets d'argent,
Miroir insensible et changeant,
  Son œil pénètre :
Et l'effroyable fixité
Cherche pour une éternité
  Le petit être !

1877.

XXXVI

LE DERVICHE

A MON COUSIN EDMOND POLAK

Un jour, — est-ce à Bagdad? — au pays d'Orient,
Une troupe d'enfants avides et criant,
Autour d'un sac de noix, trouvé par aventure,
Disputaient, réclamant leur droit sur la capture;
Et, comme toute proie est promise au plus fort,
La lutte s'engagea bientôt, faute d'accord.
La bande, en un instant, ne forma qu'une masse
Qui s'agitait mouvante au large de la place :
Entassement confus de petits fronts rasés,
De jambes et de bras l'un sous l'autre écrasés,
De turbans dénoués, dont la corde grossière
En serpents allongés roulait dans la poussière!
La bataille était rude, et les coups ni le temps
Ne semblaient attiédir l'ardeur des combattants :

LE DERVICHE.

Quand un derviche passe, avec sa barbe blanche,
Soutenant d'un bâton sa vieillesse qui penche,
Tête nue, œil brillant, le dos maigre et voûté,
La besace à l'épaule et la gourde au côté.
Il aperçoit la lutte, il s'approche et gourmande;
Il sépare à la fin les enfants, leur demande
La cause du débat : il l'apprend, — et sourit.

« Enfants, aimez la paix, ainsi qu'il est écrit.
Vous combattez à tort, croyez-en mon grand âge!
Voulez-vous que moi-même entre vous je partage
Ces noix, ainsi que Dieu, juste et bon, le ferait,
S'il venait parmi vous régler votre intérêt? »
La troupe s'écria : « Nous le voulons, mon père!
Partagez comme Dieu! — Bien, dit-il. Mais j'espère
Que vous accepterez, sans vous plaindre de lui,
L'arrêt que je vais rendre en sa place aujourd'hui?
Nul de vous n'en aura l'âme émue et troublée?
— Nous le voulons! » cria de nouveau l'assemblée.
Alors, tandis que tous l'entouraient à la fois,
Le bon derviche ouvrit tout grand le sac de noix,
Et gravement, de l'air convaincu des apôtres,
Il donna tout aux uns, ne laissant rien aux autres.

Puis, les yeux vers le ciel, son bâton à la main,
Calme et d'un pas égal, il reprit son chemin.

1860.

XXXVII

REQUÊTE

A MON AMI AUGUSTE VACQUERIE

J'ai vu le laboureur, sur la plaine sans fin,
Dans le soir calme et clair ramener sa charrue,
Après avoir semé la route parcourue
Du beau froment doré, qui calmera ma faim.

J'ai vu le vigneron, d'un osier souple et fin,
Nouer à l'échalas la pousse déjà drue;
Sur la pente des monts où le troupeau se rue
J'ai vu le pâtre assis au revers du ravin :

Et tous semblaient me dire : « O toi qui viens des villes,
Ignore-t-on là-bas que les haines civiles
Font à notre repos des réveils douloureux?

« La paix! La paix! Pourquoi ces tempêtes lointaines?
Dis-leur qu'ils feraient mieux, sans tant de phrases vaines,
De travailler pour nous, — qui travaillons pour eux! »

1876.

XXXVIII

LE NID

A MA SŒUR

Pour tenir l'enfant la femme est assise :
La Nature, tendre en tous ses desseins,
D'avance a marqué la place précise,
Entre les genoux, les bras et les seins :

Doux nid de l'oiseau, dès qu'il vient de naître,
Asile sacré, berceau sans pareil,
Où Dieu prépara pour le petit être,
Auprès du lait pur, le profond sommeil.

LE NID.

Point de gazons fins ni de jeunes mousses :
Les mères ont mieux pour leurs nouveau-nés !
Leurs bras ont trouvé des courbes plus douces
Que tous nos fauteuils si capitonnés !

Le dormeur est là, souriant et rose :
Un bras le retient, l'autre le défend ;
Tandis qu'un regard descend et se pose
Des yeux de la mère au front de l'enfant !

Et cette tendresse, où Dieu se révèle,
Vous la retrouvez la même partout :
Est-on jeune ou vieille, est-on laide ou belle,
L'enfant ne connaît orgueil ni dégoût ;

Car toute caresse est pour lui pareille ;
Il trouve à qui l'aime assez de beauté :
La plus misérable, alors qu'il s'éveille,
Reçoit son sourire, et l'a mérité !

Qu'importe la bure épaisse et vulgaire,
Ou les plis soyeux couvrant les genoux !
Peut-être à l'enfant, qui n'y songe guère,
Les haillons troués font un lit plus doux !

1867.

XXXIX

LES NUAGES

— Que voyez-vous dans ces nuages
Que vous vous montrez de la main,
Petits enfants aux frais visages,
Assis sur le bord du chemin?
L'astre couchant qui se balance,
Rouge sous un ciel orageux,
Pour étonner votre ignorance
Semble multiplier ses jeux!

— Dans un jardin plein de merveilles
Nous voyons, comme en un décor,
Courir sur des routes vermeilles,
En longues files, des chars d'or.

Un lac de feu que le vent plisse
Baigne des pelouses d'argent ;
Un dragon monstrueux y glisse,
Et disparaît en s'y plongeant.

— Que voyez-vous dans ces nuages,
Jeunes filles au doux regard ?...
— Nous y voyons d'épais ombrages
Pour rêver, le soir, à l'écart ;
Puis des lustres d'or sur nos têtes,
Des miroirs pour notre beauté,
Et, pour d'incomparables fêtes,
Les feux d'un palais enchanté !

— Que voyez-vous dans ces nuages,
Jeunes gens qui luttez là-bas ?
— Nous y voyons des paysages
Pour la guerre et pour les combats !
Nous suivons la rouge fumée
De l'incendie au loin porté ;
Nous illustrons de renommée
Ce crépuscule ensanglanté !

Que voyez-vous dans ces nuages,
Travailleurs au front soucieux ?

— Nous y voyons de vastes plages,
D'autres terres et d'autres cieux.
Un sol où la liberté sainte
Couronne un peuple jeune et fort;
Où l'humanité peut sans crainte
Jeter l'ancre et bénir le port!

— Que voyez-vous dans ces nuages,
Docteurs qui lisez couramment
Et feuilletez toutes les pages
Au grand livre du firmament?
— Dans ces figures passagères
Notre œil rapide et dédaigneux
Ne voit que des vapeurs légères
Où joue un rayon lumineux!

— Que voyez-vous dans ces nuages
Déjà plus sombres et plus lourds,
Vieillards qui pensez être sages
Au pâle déclin de vos jours?
Sous cette brume ténébreuse
Où le soleil s'est éclipsé,
De quelle image vaporeuse
Votre songe s'est-il bercé?

— Nous y voyons un autre monde
Qui s'ouvre à l'âme après la mort ;
Un océan que l'esprit sonde,
Mais dont il cherche en vain le bord ;
Un dernier voile qui dérobe
A notre regard attristé
L'obscur voyage de ce globe
Sur les flots de l'éternité !

O jeux mouvants de l'atmosphère !
Spectacle bizarre et profond,
Où chacun lit ce qu'il préfère,
Où tout se heurte et se confond,
Jardins, palais, lointaine grève,
Ombre morne, rayonnement :
Où chaque âge trouve son rêve,
Et chaque âme son aliment !

1849.

XL

LE SPECTRE

Malheur à qui, tournant l'angle d'un carrefour,
Insouciant, sourit au frôlement du vice !
Il faut qu'un noble cœur se révolte et frémisse,
Le soir, quand apparaît le spectre de l'amour ;

Il faut que l'âme honnête appelle enfin ce jour
Où finira l'immonde et navrant sacrifice ;
Où la fille du peuple, arrachée au supplice,
Connaîtra le respect et l'honneur à son tour !

O toi qui peux railler la pâle pécheresse,
Sans peser à la fois sa honte et sa détresse,
Double cancer rongeur au sein de nos cités :

A cet amour impur je condamne ta vie !
Qu'il soit ton châtiment ; l'autre amour, ton envie :
Qu'une vierge jamais ne vienne à tes côtés !

   1862.

LXI

DIALOGUE

— Pauvre homme, c'est l'été : ta veste est-elle prête ?
Laisse ta chambre et viens ! La Nature est en fête !
— Je n'ai que les haillons dont je suis revêtu,
Et je ne vais jamais aux champs, l'ignorais-tu ?
—Eh bien, nous étendrons la nappe sur deux planches,
Et tu la connaîtras, la noce des dimanches !
— Ma poche est vide : a-t-on toujours ce qu'on voudrait,
Même pour un repas de pauvre au cabaret ?
— Il fait bon de marcher au soleil, en famille !
Prends sous le bras ta femme et par la main ta fille...
— Je n'ai point de ménage et n'en veux pas avoir,
Car la tâche est trop lourde à qui doit y pourvoir !

— N'as-tu donc plus ton père ou ta mère?.. — Person[ne].
Où le vice a semé, la misère moissonne !
— Sous un rayon d'amour tout peut se transformer :
Aime ! — Regarde-moi : qui donc voudrait m'aimer ?
— On a des compagnons... — Mes compagnons sont iv[res].
— On lit ! — Je n'ai jamais rien compris à vos livres.
— Pars, voyage ! — Le mal est pareil en tout lieu.
— Sais-tu prier, au moins ? — Je ne crois plus en Dieu.
— Ah ! Pauvre homme ! Pauvre homme ! Ah ! Ta plaie est pro[fonde]
Puisque, étant malheureux, tu ne vois que ce monde !
Viens : mes enseignements sauront te soulager...
— Fort bien ! Mais donne-moi d'abord de quoi manger.

1855.

XLII

LE COMPTOIR

Dans la rue étroite et déserte
Par où je passe vers le soir,
A travers la porte entr'ouverte
Je l'aperçois à son comptoir.

Elle est pâle, elle est maladive
Son profil ascétique et pur,
Comme un fin portrait, vous captive,
Détaché sur un fond obscur.

Le printemps rit, et les dimanches
Ont emmené les bien-aimés;
On voit glisser les robes blanches
Le long des buissons parfumés;

On entend monter le bon rire
Des gens heureux sur les chemins;
Ce que les bouches n'osent dire,
Les mains le font comprendre aux mains;

Le ciel est bleu, le jour abonde :
Mais les pavés gris sont si bas,
Et la ruelle si profonde,
Que le soleil n'y descend pas!

Qui me dira quelle est sa vie,
Et quel inflexible devoir
La tient, sans relâche, asservie,
Toujours assise à son comptoir?

Rubans, mercerie ou dentelle,
Sait-elle bien ce qu'elle vend?
Ce qu'elle reçoit, le sait-elle,
Quand elle s'oublie en rêvant?

Corps sans âme, à peine vivante,
Elle ouvre ou ferme les cartons,
Inscrit les centimes de vente
D'un lot de fil ou de boutons ;

On entre, on sort, on paie, on cause :
Mais tout lui paraît étranger ;
Elle prend sa plume ou la pose,
Sourit même, sans y songer ;

L'horizon de sa destinée,
Que bornent dix carreaux ternis,
S'assombrit, d'année en année,
Avec les vieux casiers brunis !

Hier, dans sa cellule enfumée
Je l'ai revue : elle est en noir,
Et, dans sa pose accoutumée,
Toujours assise à son comptoir.

Ses yeux avec plus de tristesse
Creusent son ovale amaigri :
Est-ce le deuil de sa jeunesse,
Ou bien le deuil de son mari ?

LE COMPTOIR.

Les fruits ont séché sur la treille :
L'ennui terrible et renaissant,
Voilant le regard qui sommeille,
Dans la veine a figé le sang !

Vous qui passez, — inconnus d'elle
Comme moi, — vous pouvez la voir.
Elle n'est plus jeune ni belle :
Elle est assise à son comptoir !

1862.

XLIII

VILLANELLE

Avec sa beauté de vingt ans,
Elle était partie, au printemps,
    De son village.
Un jour d'hiver elle y revint,
N'ayant plus ni trente ans, ni vingt,
    Vieille avant l'âge!

Ah! cité, cité de Paris,
A cette enfant qu'avez-vous pris?

VILLANELLE.

Amour, quels biens tu nous offrais !
Elle avait un teint rose et frais
 De pêche mûre,
Et vous parlait si chastement,
Qu'on n'entendait plus, par moment,
 Qu'un doux murmure !

Ah ! cité, cité de Paris,
Ce teint d'enfant, vous l'avez pris !

Elle avait des yeux étonnés
Que tout désir eût profanés ;
 Son âme fière
A Dieu seul eût voulu s'offrir ;
Ses lèvres ne semblaient s'ouvrir
 Qu'à la prière !

Ah ! cité, cité de Paris,
Ce cœur d'enfant, vous l'avez pris !

Elle a des regards effrontés,
Qu'elle attache de tous côtés
 Sans nulle honte ;

Son rire a des éclats méchants;
Le rouge, en entendant ses chants,
    Au front vous monte!

Ah! cité, cité de Paris,
Son doux rire, vous l'avez pris

Elle a le geste libertin,
Sous une robe de satin
    Qui traîne usée!
La bague qui brille à son doigt
N'est pas l'anneau sacré qu'on doit
    A l'épousée!

Ah! cité, cité de Paris,
L'honneur loyal, vous l'avez pris!

Les bonnes femmes du pays
Vous ont des airs tout ébahis
    A leur fenêtre,
Et disent : « Qui donc vient là-bas? »
Puis se détournent, n'osant pas
    La reconnaître!

VILLANELLE.

Ah! cité, cité de Paris,
Tout son passé, vous l'avez pris!

La fièvre est dans ses yeux ardents;
Elle a perdu cheveux et dents.
    Gaîté, folie,
Jeunesse, hélas! que tout est loin!
Pauvre fille, meurs dans un coin,
    Pour qu'on t'oublie!

Ah! cité, cité de Paris,
Cruelle, vous avez tout pris!

1856.

XLIV

L'ENFANT MARTYR

A JEAN COQUELIN.

Viens, cher petit : c'est une histoire.
Mais elle est si triste et si noire,
Que la nature, à l'écouter,
Se révolte et voudrait douter !
Comprends-tu bien ? Frapper l'enfance,
L'être chétif et sans défense,
Qui n'a qu'un cri : « Pardon ! pardon ! »
Et qui meurt de notre abandon !
Ils étaient, le père et la mère,
Contre leur enfant en colère ;
Et tous les jours, et pour un rien,
Ils le maltraitaient comme un chien !

Chacun des deux le martyrise,
Pour être venu par surprise
Dans le taudis qu'ils habitaient.
Au berceau même ils le battaient :
Tout son corps en gardait la trace!

— Viens, cher petit, que je t'embrasse! —

Seul et dans l'ombre rebuté,
En un coin on l'avait jeté,
Au fond d'une infecte soupente.
« Il est méchant! Qu'il se repente ! »
Disaient-ils à cet innocent
Parmi l'ordure croupissant.
Comme un pourceau, le petit ange,
Il se vautrait dans cette fange ;
Et, s'aidant de ses maigres bras,
Se traînait avec embarras
Sur le carreau froid comme glace!

— Viens, cher petit, que je t'embrasse! —

On le faisait, dans ce réduit,
Sur des haillons coucher la nuit ;

On lui disait : « Sale chenille,
C'est assez bon pour ta guenille !
Gare à tes os ! Sous notre toit
Nous avions bien besoin de toi ! »
A ces tortures courte trêve,
S'il s'endormait pour un beau rêve,
Ils l'éveillaient à tour de bras,
Disant : « Demain tu dormiras ! »
Et, s'il dévorait en sourdine
Quelque miette de leur cuisine,
Après avoir longtemps jeûné,
Et le ventre tout ballonné,
Ils s'écriaient : « Qu'il est vorace ! »

— Viens, cher amour, que je t'embrasse ! —

Ils s'en allaient des jours entiers,
Faisant je ne sais quels métiers.
Ils lui laissaient, dans cette bauge,
Une eau croupie au fond d'une auge,
Un plat de terre, et rien dedans
Qu'une croûte à briser les dents ;
Et, lui montrant leur dur visage,
Ils hurlaient en partant : « Sois sage !... »
Et puis les coups : ce fut d'abord
Un soufflet pour le moindre tort ;

L'ENFANT MARTYR.

Puis sur le dos, puis sur la tête,
Des coups, des coups que rien n'arrête ;
Ce fut ensuite un œil blessé,
Et puis un pauvre bras cassé,
Qu'on n'a jamais remis en place !

— Viens, cher amour, que je t'embrasse ! —

Bientôt l'enfant, raide et perclus,
— Chose horrible, — ne pleura plus !
Son corps n'était qu'un blanc squelette,
Et de sa lèvre violette,
Par instants, s'échappaient tout bas
Des mots que l'on n'entendait pas !
Ils le laissaient dans son silence,
Sans plus lui faire violence...
Enfin il mourut, — à huit ans :
On dit qu'ils en furent contents !
Je n'en veux pas sonder la cause.
Puisqu'il est mort, qu'il se repose !
On ne bat pas en paradis.
Ces parents-là, je les maudis !...
Que Dieu, s'il veut, leur fasse grâce !

— Viens, cher amour, que je t'embrasse ! —

1869.

XLV

LA PROMENADE

A MON AMI REGNIER
De la Comédie-Française.

« Allons ! Viens, mon ami ! » répétait une vieille
Dont j'entendais la voix cassée, à mon oreille,
Mais sans la voir encore, au tournant du chemin.
« Tu ne pourras pas seul traverser : prends ma main !
Par ici. Doucement. C'est cela. Pas si vite !
Tu vois bien ce gros tas de cailloux que j'évite !
Si tu fais le vaillant, chéri, tu tomberas !
Maintenant, prends à droite, et donne-moi ton bras. »
Ils allaient se croiser tous deux sur mon passage,
L'aïeule aux soins si doux, et le jeune visage ;

Et je les devinais, elle, grave et grondant,
Lui, rebelle avec joie, et vif, et l'œil ardent,
Fier de montrer déjà ses petits pieds rapides,
Et troublant la grand'mère en ses bonds intrépides.
— Avec les vieux surtout, les enfants sont gaillards!

Mais je ne vis, au coin du mur, — que deux vieillards!
Bras dessus, bras dessous, ils cheminaient ensemble;
Elle guidait, d'un pas tremblant, le pas qui tremble.
Fantômes d'un passé qu'on ne devine plus,
Tous deux étaient courbés, flétris, tous deux perclus!
Leurs membres décrépits se soutenaient à peine;
La marche les mettait, en dix pas, hors d'haleine,
Et je me demandais, ému du moindre arrêt,
Comment chacun des deux, sans l'autre, avancerait!
Rien ne me rappelait, dans ce couple qui passe,
Ce qui fut la beauté, la jeunesse, la grâce;
Et, devant leur laideur et leur infirmité,
L'amour, rêvant par là, fuirait déconcerté!

Pourtant, ils souriaient l'un à l'autre; leur bouche
Trouvait encor des mots dont l'accent vibre et touche!
Elle tournait sur lui ses yeux, plus tendrement
Qu'une jeune maîtresse au bras de son amant;
Et le paralysé, vieux compagnon fidèle,
Éprouvait un bonheur d'enfant, qui venait d'elle!

Le long du sentier vert je les suivis des yeux.
Et, tandis qu'ils allaient au soleil, tout joyeux,
A voir ainsi survivre au temps la vieille flamme,
Dans ces vivants débris ne voyant plus que l'âme,
Je partageai l'espoir des tendresses sans fin,
Et je compris, amour, ton mystère divin!

1868.

XLVI

CAUCHEMAR D'HIVER

A MON AMI ARMAND DU MESNIL.

I

Ami, qui comparez les âmes,
Connaissez-vous rien de plus beau
Que ces graves et saintes femmes,
Qui s'acheminent au tombeau ;

Qui, prenant l'esprit de leur âge,
Et limitant leur horizon,
Réduisent leur dernier ouvrage
Aux seuls devoirs de la maison ?

Les rides les ont épargnées ;
Un charme intime a survécu ;
Et sur ces faces résignées
On lit que l'âme a tout vaincu.

A leurs fronts, où le calme siège,
Les cheveux blancs, de deuil voilés,
Ont le pur éclat de la neige
Sur les grands monts immaculés ;

Leurs regards mi-clos semblent dire
Qu'elles acceptent l'abandon,
Et leurs lèvres ont un sourire
Fait d'indulgence et de pardon ;

Le silence et la solitude
Leur plaisent, comme à tout penseur ;
Vieillir leur paraît une étude
Qui promet aussi sa douceur :

Car tout s'apaise et s'atténue
Dans ces cœurs lentement fermés,
A qui suffit, pour bienvenue,
D'aimer encore et d'être aimés.

Même à l'heure où de leurs retraites
Le monde les détourne un soir,
Elles glissent, ombres discrètes,
Et dans les angles vont s'asseoir;

Ces enfants au rire sonore,
Ne faut-il pas les voir heureux?
Pour eux ce sacrifice encore;
Cette insomnie, elle est pour eux.

Et l'essaim, lancé dans l'espace,
Qui tourbillonne à leur côté,
Autour d'elles passe et repasse,
Sans troubler leur sérénité.

II

Mais j'en sais d'autres, acharnées
Devant le festin desservi,
Spectres sans nom, larves damnées,
Mordant leur rêve inassouvi.

La fièvre du plaisir profane,
La coquetterie aux abois,
Leur fait, à l'âge où tout se fane,
Évoquer les nuits d'autrefois.

Pour ces lustres et ces trophées
Leur cœur flétri palpite et bat;
Et l'on dirait d'horribles fées
Guettant le signal du sabbat!

Est-ce une femme, est-ce une mère,
Cette folle au sang desséché
Qui veut thermidor en frimaire,
Et se réchauffe à son péché?

III

Ne me parlez pas de ces vieilles,
Blafardes sous le vermillon,
Qui, dans un bal, mènent leurs veilles
Jusqu'au déclin du cotillon!

Elles s'installent les premières,
Le front ridé, les cheveux gris,
Sous la crudité des lumières
Profilant leurs traits amaigris;

La gorge est à peine voilée :
Elles ont versé galamment
Sur leur épaule constellée,
A plein écrin, le diamant;

De leurs corsages écarlates,
Où chaque côte creuse un pli,
Montent d'étranges omoplates
De vieil ivoire dépoli;

Et les fleurs, qui sont de la fête,
Parmi la gaze et le satin,
S'épanouissent sur leur tête,
Comme un ironique jardin !

Elles n'ont pas même l'excuse,
Pour qui voudrait leur pardonner,
D'un petit-fils que l'on amuse,
D'une vierge à chaperonner :

Non! C'est le souvenir vivace
De leur passé qui danse encor;
Il leur faut, à la même place,
Cette cohue et ce décor;

Il leur faut le sourire fade,
Les yeux brillants et les bras nus;
Et les salons en enfilade,
Et l'orchestre aux rythmes connus;

Et les toilettes dénigrées,
Dont on lorgne chaque détail,
Avec les mêmes simagrées,
Sous le jeu du même éventail;

Il leur faut l'assiette et le verre
Devant les buffets assortis,
Où minuit les voit satisfaire
D'invraisemblables appétits!

On devrait dire à ces fantômes :
« Rentrez dans l'ombre, cachez-vous!
On vous attend aux noirs royaumes
Où sont vos fils et vos époux!

Que faites-vous, à pareille heure,
Dans cette fournaise et ce bruit?
La couche vous serait meilleure,
Et le silence de la nuit! »

IV

Je voudrais qu'un valseur féroce,
Un fantastique cavalier,
Qu'une folle gaîté de noce
Ferait gaillard et familier,

Saisît chacune de ces vieilles
D'un bras vigoureux et vainqueur,
Fit ricaner à ses oreilles
Le propos lascif et moqueur;

Devant la foule, autour pressée,
Qui l'acclame et le suit des yeux,
Poursuivant sa valse insensée
Dans le cercle plus spacieux,

A travers la salle éclatante,
Toujours plus triomphalement,
L'emportât, pâle et haletante,
Dans un infernal tournoiement;

Et, sous les accords plus rapides,
S'enlaçant aux deux bras raidis,
L'épuisât dans des bonds stupides,
Fatiguât ses flancs alourdis :

Puis, riant à sa voix plaintive,
Et sans pitié pour ses cris sourds,
La jetât, plus morte que vive,
Sur la banquette de velours !

1873.

XLVII

TARDA LIBIDO

Vieillard libidineux, pourquoi sur cette femme
Fixes-tu des regards pleins d'un sombre désir ?
Demain, ce soir, — qui sait ? — la mort peut te saisir :
La tombe entre-bâillée est là, qui te réclame !

Au foyer presque éteint couve-t-il quelque flamme ?
Est-ce l'amour encor que tu voudrais choisir ?
N'as-tu pas mieux à faire, en ton dernier loisir,
Que d'attiser tes sens aux dépens de ton âme ?

L'inconnu, quel qu'il soit, qui va te recevoir
T'impose désormais, vieillard, un seul devoir,
C'est de faire à ta vie un dénouement sévère :

Car c'est pitié qu'on rêve avec tranquillité
L'amour à pleins baisers, ou l'ivresse à plein verre,
Quand le réveil prochain s'appelle Éternité !

1873.

XLVIII

LE CRIME DES SERVANTES

A MON AMI ALEXANDRE DUMAS FILS.

Un soir, à quelques pas d'un palais où l'on danse,
Le long d'un quai désert, rôdant avec prudence,
Une fille encor jeune — avait-elle vingt ans ? —
Le long du parapet se penchait par instants,
Puis regardait, cherchant, à cette heure avancée,
Si, dans l'ombre, des yeux épiaient sa pensée.
A l'endroit le plus sombre, elle approcha du bord :
La crue avait couvert la berge et tout le port ;
Avec un bruit pareil à celui des marées,
L'eau clapotait autour des barques amarrées ;

Et la Seine semblait, en ses brumeux lointains,
Une mer, et sa côte, et ses feux incertains.
La fille, au parapet, fait une courte pause,
Et le flot ténébreux engloutit quelque chose;
Puis une masse vague, emportant un secret,
Sous les grands bateaux noirs s'engage et disparaît.

Et déjà cette femme, échappant à la vue,
D'un pas précipité regagnait une rue.
Mais, dans le moment même, un groupe de bourgeois
Avait aperçu tout; ils courent à la fois :
« Malheureuse! qu'as-tu jeté là! » — « Rien! » dit-elle!
Son visage est couvert d'une pâleur mortelle.
« Ce n'est rien! » Mais sa voix trahit l'affreux souci :
Car c'était son enfant qu'elle jetait ainsi,
Dont le corps est là-bas flottant à la dérive;
Son enfant! — Elle est mère et ne veut pas qu'il vive.

Vous en doutez peut-être? Ouvrez votre journal :
Supprimer les enfants, c'est le crime banal;
Et les grandes cités, nourricières de honte,
De ces forfaits muets ne savent plus le compte!

Elle était en service, et devint grosse un jour :
— On appelle cela quelquefois de l'amour! —

Elle cacha sa faute, ainsi qu'à l'ordinaire ;
Car il faut vivre chaste, à vivre mercenaire,
A moins que, par caprice, un maître, jeune ou vieux,
Ne s'avise d'aimer cette taille ou ces yeux !
Elle comptait les mois, les jours ; son imprudence
Combattait la nature et niait l'évidence.
Elle sentait grandir dans son cœur irrité
Le monstrueux ennui de la maternité ;
Et tu lui murmurais tes leçons trop savantes,
Hideux infanticide, ô crime des servantes !

Un matin, le délai des aveux expira :
L'enfant naquit, l'enfant vécut, l'enfant pleura !
Dans son lit, l'œil au guet et l'oreille tendue,
Farouche, elle étouffa la voix inattendue ;
Et sous le matelas de son étroit réduit
Elle cacha le corps, en invoquant la nuit.

Justice est faite : on a rivé la misérable
A son crime ; on a fait sa torture durable.
Le remords, mieux qu'un mur, borne son horizon.
Dans la froide cellule, au lit de sa prison,
Elle aura désormais, chaque nuit, sans relâche,
L'éternel cauchemar de sa cruauté lâche ;
Son oreille croira percevoir un bruit d'eau ;
Elle verra la place où glissa son fardeau ;

Elle croira sentir, sur son cou qu'ils enlacent,
L'étreinte de deux bras innocents qui la glacent;
Le soir, elle entendra — terrible châtiment! —
Sous l'arche d'un pont noir un sourd vagissement;
Dans les fonds vaporeux d'un invisible monde,
De blancs spectres d'enfants émergeront de l'onde;
Et son sein maternel, à ces navrantes voix,
Tressaillira soudain pour la première fois!

Oh! tuer son enfant! Être femme, être mère,
Avoir versé neuf mois à cet être éphémère
Le sang, la chair, la vie; avoir, à chaque pas,
Senti se compléter l'œuvre qu'on ne voit pas;
Avoir été le sol où couve et se révèle
Le germe obscur dont Dieu fait une âme nouvelle;
Féconder tout son cœur, et — merveilleuse loi! —
Cueillir ce fruit divin qu'on détache de soi;
Entendre tout à coup la lèvre qui respire,
Pâlir d'un premier cri, rire au premier sourire,
Adorer l'ange frêle, et chercher dans ses yeux
Tous les secrets qu'il vient vous apporter des cieux :
Dans une vie entière, ah! c'est l'heure bénie,
Ah! c'est l'immense orgueil et l'ivresse infinie!
Même pour l'être abject, c'est un instant sacré!
La courtisane en a le front transfiguré;

Et la plus dégradée et vile créature
Reprend la majesté de la mère Nature !

Et l'on peut s'endurcir à cette volupté !
On peut vouloir l'amour sans la maternité !
Enivrement brutal ! Ame si mal instruite,
Qu'elle accepte la honte et n'en veut pas la suite !
On aime, on s'abandonne, on vit sans rien prévoir ;
On s'acharne au plaisir, ayant peur du devoir ;
Dans des cœurs dépravés le crime impur se glisse ;
Ce qui ferait ailleurs la joie est un supplice :
D'autres ont le regret que nul œil n'a sondé
D'implorer ce bienfait qui n'est point accordé ;
L'avenir n'a pour eux que sentiers solitaires ;
La gaîté de l'enfant à leurs fronts plus austères,
Au jour de la vieillesse et de l'isolement,
N'apporte ni rayons ni rajeunissement !
Ceux-là donneraient tout pour combler de tels vides,
Pour trouver une joue à leurs baisers avides ;
Ils pleurent en silence : ailleurs, on s'applaudit !
Ils voudraient des enfants : ailleurs, on les maudit !
On sait dans le sillon stériliser la sève,
Frapper ce qui grandit, trancher ce qui s'élève,
Étouffer quelquefois, même avant qu'il soit né,
L'embarras pressenti, le germe deviné ;

Détruire tout; chercher, pour de sinistres crimes,
Les flots les plus discrets, les plus sombres abîmes,
Combattre avec fureur ces faibles ennemis;
Dans leur premier sommeil encor tout endormis,
Les prendre, et supprimer ces charges redoutées,
Comme on dérobe aux chiens d'incommodes portées!

Et pourtant, je devrais vous absoudre à moitié :
Méritez-vous la haine ou plutôt la pitié,
Tristes mères? Pourquoi la sentence ennemie
N'a-t-elle que sur vous fait tomber l'infamie?
Qui donc vous préservait, victimes sans appui?
Vous aviez contre vous le vice, en vous l'ennui;
Et — nous l'oublions trop, dans notre indifférence! —
Au fond de tout forfait s'agite une ignorance.

Ces filles, tout les livre en proie aux corrupteurs,
Tout leur est un danger, maîtres et serviteurs;
Ces mystères abjects des amours impudiques
Souillent obscurément les foyers domestiques.
Déjà maudits d'avance et déjà condamnés,
Nulle fête n'attend, hélas! ces nouveau-nés!
On n'a rien préparé, le berceau ni les langes;
Point de regards émus couvant ces petits anges;
Point de logis joyeux, de vieux parents, d'amis
Épiant le réveil de ces chers endormis!

Mais l'abandon, l'effroi, les douleurs qu'on ignore,
Tout ce qui trouble avec tout ce qui déshonore !
Elles n'ont pas le cœur assez haut pour porter
Le poids de cette honte et pour la racheter ;
Et voulant à tout prix cacher la flétrissure,
Le crime leur paraît la route la plus sûre !

Et la Justice croit avoir fait son devoir ?
La conscience humaine hésite à s'émouvoir ?
Non, juge, tu n'as pas atteint le vrai coupable !
Forgeons, pour le frapper, quelque loi redoutable :
Car le mal grandira, si rien ne nous défend,
Jusqu'à l'heure où le père aura peur de l'enfant,
Verra l'être chétif, qu'il ose méconnaître,
L'effrayer de ses droits, du jour qu'il vient à naître ;
Et saura ce que pèse, avant de l'accepter,
Le terrible fardeau qu'on voudrait rejeter !

1867.

XLIX

LE CREDO DU PAUVRE HOMME

Mon Dieu, je ne suis qu'un pauvre homme,
Vivant du travail de ses mains,
Pareil à la bête de somme
Qui trotte le long des chemins :
Mais que ton bras s'appesantisse
Ou m'épargne quand j'ai lutté,
O Dieu, je crois à ta justice
Encore plus qu'à ta bonté !

Il ne me faut sermon ni livre
Pour voir, en y réfléchissant,
Que, si tu m'as contraint de vivre,
Maître invisible et tout-puissant,

C'est que tu tiens une balance,
Et que l'épreuve aura sa fin ;
C'est pourquoi j'accepte en silence
Le froid, la fatigue et la faim.

Par là, ma patience aidée
Se résigne à son triste lot.
Comment la plus sublime idée
Ne serait-elle rien qu'un mot ?
Quoi ! sorti de la nuit profonde,
J'aurais conçu, moi, dans mon coin,
Une loi qui sauve le monde,
Et que Dieu ne connaîtrait point ?

J'aurais mieux gouverné les choses ?
J'aurais été meilleur que lui ?
Être caché, cause des causes,
Que serions-nous sans ton appui ?
Si le malheureux, pour refuge,
Implore un père dans les cieux,
Moi, je veux invoquer le juge :
Et ma raison s'en trouve mieux !

L'homme a, dans son étroit domaine,
Dressé partout des tribunaux,

Et pour lui la justice humaine
Épuise en vain ses arsenaux :
Faible image, pâle copie
De cette éternelle équité
Qui ne peut troubler que l'impie,
Et dont je n'ai jamais douté !

Je garderai ma foi robuste,
En dépit des penseurs nouveaux.
Le Dieu que j'aime, le Dieu juste,
Me jugera ce que je vaux.
Quoi qu'on rêve et quoi qu'on bâtisse
Pour le bien de l'humanité,
O Dieu, je crois à ta justice
Encore plus qu'à ta bonté !

1848.

L

LA JALOUSIE DE LA VIEILLE

J'aperçus l'autre jour, à l'angle de ma rue,
Une vieille à la voix enrouée et bourrue,
De celles qui feraient douter que sur leur front
Où l'âge a, chaque année, imprimé quelque affront,
La jeunesse ait jamais tressé ses fleurs divines :
Ce n'étaient que chardons poussant sur des ruines.
Elle avançait, vêtue à demi, l'air méchant;
Grommelait je ne sais quelle plainte en marchant,
Comme si, dans sa gorge, elle eût cherché querelle
A quelque ennemi sourd qui s'acharnait sur elle.
D'un fichu, sur sa tête échafaudé sans art,
Des cheveux grisonnants s'échappaient au hasard,

Leurs mèches rappelaient, sur sa nuque ridée,
Ces brins éparpillés d'étoupe dévidée
Que la fileuse en marche abandonne au chemin.
Son cou semblait taillé dans un vieux parchemin.
D'un grotesque tartan pauvrement accoutrée,
Pour le mieux retenir sa main sèche et bistrée
Sur sa poitrine maigre étalait cinq longs doigts ;
Et ses tibias nus, de la couleur du bois,
Pareils aux rameaux morts que l'émondeur ébranche,
Sortaient d'un jupon court, tendu droit sur la hanche.
Son visage était tout en sillons ; ses deux yeux
N'étaient plus que des points rouges et chassieux ;
Sa mâchoire sans dents creusait sa pâle face,
Qu'un profil anguleux effilait en grimace ;
Et déjà le squelette, avide du tombeau,
Perçait impatient à travers cette peau !

Et, dans le même instant, cheminant non loin d'elle,
Glissait une fillette alerte, grande et belle,
Dont la saine fraîcheur éblouissait les yeux :
De bandeaux opulents son profil gracieux
S'encadrait ; son front clair rayonnait de jeunesse ;
Son corps ferme n'était qu'harmonie et souplesse,
Et sa taille ondulait, à chaque mouvement,
Sous un pas de déesse indicible et charmant.

De sa robe aux longs plis, aux grâces enfantines,
Naissaient deux petits pieds, cambrés dans leurs bottines ;
Ses deux mains retenaient, d'un geste virginal,
Sa guimpe que gonflait le souffle matinal ;
Et tandis que ses yeux, égarés dans l'espace,
Y cherchaient une image amoureuse qui passe,
Ses lèvres remuaient, et, de leur pli rieur,
Continuaient, sans doute, un rêve intérieur.
C'était avril fleuri ! C'était le printemps même !
Tout en elle chantait, tout murmurait : « On m'aime ! »
Elle s'avançait droite et calme, avec fierté,
Et semblait dire à tous : « Admirez ma beauté ! »

Et la jeune et la vieille, — ô rencontre banale ! —
Qui passaient dans la rue à l'heure matinale,
Tous les jours, à trois pas, se croisaient par hasard ;
Et chacune sur l'autre attachait son regard,
Comme un rapide éclair : toutes deux étonnées,
L'une, qu'il faille ainsi ployer sous les années,
Succomber à ce point sous leur brutal effort,
Et montrer aux vivants le masque de la mort ;
L'autre, qu'on puisse avoir un si jeune sourire,
Et vingt ans pour aimer, et ces yeux pour le dire,
Et cette âme, que rien encor n'a pu ternir,
D'une si franche étreinte embrassant l'avenir !

Et chacune tournait les pages de la vie,
La jeune avec effroi, la vieille avec envie.
On eût dit qu'avec joie elle aurait arraché
La blonde chevelure, et, de l'ongle, écorché
La joue aux frais contours, et de soucis moroses
Sillonné ce front pur, et mordu ces doigts roses

O jeune, tu pâlis et tu trembles à tort :
Ta beauté va dormir intacte dans la mort.
O vieille, tu te plains à tort : la jeune est morte!
Là-bas, sous ce lin blanc, c'est elle qu'on emporte.
Ne lui reproche plus l'espérance et l'amour :
C'est toi qui survivras, plus laide chaque jour,
Sous tes sales haillons chaque jour plus cassée,
Traînant sur les pavés ta vieillesse lassée ;
Tu feras, sans repos, ton vulgaire labeur ;
Ta laideur misérable aux enfants fera peur,
Et tes yeux clignotants, où la colère habite,
Trembleront plus méchants au fond de leur orbite,
Tandis que grommelant, tes lèvres, le matin,
Querelleront encor l'ironique destin
Qui fait survivre, usant de ses coups ordinaires,
Aux vierges de vingt ans les mornes centenaires !

1865.

LI

L'ENFANT AU JARDIN

A MON AMI J. FAURE
De l'Opéra.

Va jouer, mon doux ami !
Va ! Ton père est endormi :
    Il faut descendre.
Nous savons quel somme il dort :
Toi, tu n'es pas d'âge encor
    A le comprendre !

Prends ta balle et ton cerceau,
Ou poursuis, sous le berceau,
    Ton jardinage ;

Cours et saute en liberté,
O la joie et la gaîté
   De ce ménage !

Des visiteurs soucieux
En groupes silencieux
   Là-bas se forment :
Ta place est au grand soleil ;
Laisse à leur calme sommeil
   Ceux qui s'endorment !

Le temps est beau ce matin :
Tu resteras au jardin,
   Loin de la porte.
Si tu vois passer du noir,
Ne cherche pas à savoir
   Ce qu'on emporte !

Et si tu vois, dans un coin,
Sous les arbres, sans témoin,
   Quelqu'un qui pleure,
Écarte-toi doucement :
On est triste en ce moment
   Dans ta demeure !

Près d'ici j'entends clouer :
Mon doux ami, va jouer !
  Oh ! qu'il me tarde
De t'éloigner du chemin !
Va rire aujourd'hui : — demain
  Que Dieu te garde !

LII

LE POÈTE DES CAFÉS

A MON AMI ERNEST DESJARDINS

Le Grand Café de France était plein tous les jours.
Vous le voyez d'ici, sur la gauche du Cours,
Près de la Comédie, — édifice maussade,
Dont les Neuf Sœurs en plâtre écrasent la façade.
Il est le rendez-vous des oisifs de l'endroit,
Qui viennent s'y presser dans un espace étroit,
Et chercher, pour l'esprit qui jeûne, une pâture,
Ainsi qu'en toute calme et sage préfecture :
Officiers, commerçants, vieux garçons, vieux maris,
Visages ennuyés et visages flétris,
Où la province morne est tout entière empreinte,
Gros avaleurs de bière ou grands buveurs d'absinthe,

Piliers d'estaminet, gens heureux de s'asseoir,
Pour un cent de piquet, du matin jusqu'au soir!

C'était après dîner, par un froid temps de neige.
Les garçons bien rasés, et tout à leur manège,
Passaient et repassaient, apportant à la fois
Les dominos bruyants qui glissent sous les doigts,
Les pipes, les tapis et les cartes crasseuses,
Et les grogs odorants, et les chopes mousseuses;
Versant le petit verre, ami du grand journal,
Qui, taché de café, souillé, gras et banal,
Passe de main en main, traîne de table en table,
De ce flux et reflux épave lamentable !
On jouait, on buvait, on fumait. Au comptoir,
Ainsi qu'une perruche au bâton d'un perchoir,
Une limonadière, au teint fade et jaunâtre,
Trônait dans la vapeur, en nymphe de théâtre,
Et, d'un sourire mort et d'un terne regard,
Saluait des élus l'entrée ou le départ.
Dans un coin du café, sucrant leurs tasses pleines,
Et livrant des combats aux doctrines malsaines,
Les vieux habitués devisaient gravement
Du député, du maire et du gouvernement.
Des commis voyageurs, à la table voisine,
Commentaient des hôtels les vins et la cuisine,

Bousculaient les garçons, causaient à haute voix,
Et, pour mieux s'accorder, parlaient tous à la fois ;
Tandis qu'à l'autre coin, se contant leurs fredaines,
Un gros major flanqué de quatre capitaines
Échangeaient, en riant, l'esprit de garnison,
Critiquaient le ténor, vantaient la Dugazon,
Et mêlaient aux regrets d'un amour infidèle
L'éloge d'un fusil du plus récent modèle.
Au centre, s'agitaient de solides gaillards,
Qui, penchant leur poitrail au drap vert des billards,
Stimulaient de gros mots leurs vanités jalouses,
Et fatiguaient de coups les bandes et les blouses !

Ce cliquetis, ces bruits confus, assourdissants,
Sous le fumeux plafond se croisaient en tous sens,
Quand la porte s'ouvrit, sur un carambolage.

Un grand vieillard entra, maigre, tanné par l'âge,
Le regard doux, craintif. Un habit noir fripé
Couvrait mal son long corps d'un drap mince et râpé,
Et son chapeau luisant, de ceux que l'on essuie
D'un revers de la manche, après un jour de pluie,
Racontait, tout cassé sur son vieux crâne nu,
De misères sans nom un poème inconnu !
Il garda quelque temps son allure indécise,
Comme un pauvre honteux au porche d'une église ;

Enfin, las d'hésiter, pas à pas, le vieillard,
Se découvrant la tête, approcha du billard,
Et, tirant de sa poche un paquet de brochures,
De deux feuillets chacune avec leurs couvertures :
« Pardonnez-moi, messieurs, si je suis indiscret.
Ce sont des vers : peut-être avec quelque intérêt
Les lirez-vous. C'est moi, messieurs, qui les compose.
On rencontre des gens qui préfèrent la prose !
Mais vous aurez pitié du poète incompris,
Et vous me les prendrez pour deux sous : c'est le prix. »

Puis, pour parler ainsi s'étant fait violence,
Il tendit une feuille, et garda le silence.
Des vers ! Vous demandez ce qu'étaient de tels vers ?
Qu'importe ! — Souriez au bizarre travers,
Raillez celui qui pare, en amant, ses pensées,
Et leur passe un collier de rimes enlacées ;
Celui qui, dans ce siècle à la prose abonné,
Se couronne le front d'un vieux laurier fané !
Ah ! le fou qui s'éprend de chimères pareilles,
Qui fait chanter tout bas le vers à ses oreilles,
Qui sait encor, — fût-il, d'ailleurs, burlesque ou non, —
Sans souci du réel, s'éprendre d'un vain son,
Adorer des beautés à peine saluées,
Et sur l'échelle d'or grimper vers les nuées,

Au dernier échelon demeurât-il perdu,
Je lui rends, en passant, l'honneur que je crois dû !
Oui, c'était un poète, un songeur, un des nôtres,
Peut-être un peu plus fou seulement que les autres,
Un de ces déclassés que la Muse, un beau jour,
A séduits d'un regard et troublés sans retour,
Et qui vont désormais, amoureux de la rime,
Dans l'univers distrait cherchant qui les imprime !

Or, près de nos joueurs, l'homme attendait confus,
Et ses regards baissés semblaient fuir un refus.
On le laissa longtemps sur ses pieds se morfondre,
Sans le remarquer même ou daigner lui répondre.
« Des vers ? dit l'un enfin. Que nous propose-t-on ?
— Des vers, beau troubadour ? Des vers de mirliton !
Dit un autre. — Que' veut de nous ce lunatique ?
— Croit-il que nous ayons besoin d'un narcotique ?
— Allons, la paix ! Rengaine, ami, ta cargaison !
— Revenez au printemps : ce n'est pas la saison !
— Bonhomme, va conter à d'autres ton histoire ! »
Et les coups résonnaient sur les billes d'ivoire.

Il se glissa sans bruit, tandis qu'on se moquait,
Vers d'acharnés joueurs qui faisaient un piquet ;
Mais, sans lui donner même un coup d'œil charitable,
Pauvre homme, on l'accueillit par un capot sur table !

La tentative était, il faut bien l'avouer,
Malheureuse : il se tut, et les laissa jouer.

Plus loin, de bons bourgeois, lassés de leurs gazettes,
Le profil tout semblable à des casse-noisettes,
Appuyant dans leurs mains leurs mentons recourbés,
Autour d'un domino méditaient absorbés.
Il s'incline : « Prenez, messieurs, cet opuscule !
Deux sous ! Ne croyez pas au moins que je spécule !
Je gagne peu de chose à me faire imprimer :
Mais, pourvu que l'on vive, il est doux de rimer !
— Cinq et trois ! repartit une voix nasillarde.
— A vous offrir ces chants, messieurs, je me hasarde...
— Trois partout !
        — Voulez-vous mes fables, mes quatrains ?
Je fais de petits vers et des alexandrins...
— Six et trois !
        — Voulez-vous une petite épître ?
Je l'adresse aux amis inconnus : à ce titre,
Vous la verrez peut-être avec plus de plaisir.
— Double-six !
        — Six et deux !
        — Vous avez du loisir :
On emporte cela dans une promenade.
J'y raconte ma vie ; et, sans fanfaronnade,

Si vous avez encor des pleurs, vous pleurerez!
Car ce sont mes chagrins, messieurs, que vous lirez;
J'y parle de ma femme et de ma pauvre fille;
Ce sont d'humbles récits que l'on goûte en famille.
J'avais pour l'élégie un précoce talent.
Personne ne la veut, l'épître?...
— Deux et blanc!
— Domino! »

    Les joueurs faisaient la sourde oreille,
Car à la surdité l'âme sèche est pareille;
Et le vieillard, plus triste, alla vers l'autre coin,
Avec un gros soupir dont nul ne fut témoin.

Là, nos soldats fumaient, et vaillants, sans fatigue,
Recommençaient vingt fois un éternel bésigue.
Il se mit au port d'arme, ainsi qu'un vieux troupier,
Et, tâchant de sourire, il tendit son papier.

« Ce sont, mes officiers, des vers; mon capitaine,
Chacun de ces feuillets en donne une centaine.
J'en ai pour tous les goûts et pour tous les états :
J'ai des vers pour péquins et des vers pour soldats.
Voulez-vous mon poème aux Brigands de la Loire?
— Cent d'as!
    — Préférez-vous mon Ode à la Victoire?

L'églantine me fut donnée aux Jeux Floraux,
Et j'ai chanté l'amour ainsi que les héros !
Voici douze chansons, un recueil d'épigrammes...
— J'ai quatre-vingts de rois !
                         — J'ai soixante de dames !
— Je suis un vieux rimeur qu'il faut encourager.
J'étais plein d'espérance autrefois ! Béranger
M'écrivit une lettre...
               — As-tu fini, bonhomme ?
Ta longue litanie, à la fin, nous assomme !
— Par charité, messieurs, car je n'ai pas mangé.
— On est de mendiants tous les jours assiégé !
— Ma foi ! j'aime encor mieux la harpe et la guitare,
Dit un autre, en tirant de sa poche un cigare.
— Songez-y, je n'ai pas étrenné d'aujourd'hui.
A mon âge, il est dur d'avoir besoin d'autrui :
Ayez pitié ! Je n'ai pas mangé, je vous jure !
— Allons ! prends cet argent, mais garde ta brochure !
Dit un troisième.
          — Non ! c'est trop humiliant,
Et, pour être poète, on n'est pas mendiant !
— Je n'aime point les vers, vois-tu : c'est par principe.
Allons, donne pourtant ! »
                 Pour rallumer sa pipe,
Il l'approcha du gaz.
         « Oh ! lisez-la d'abord !
Dit le vieillard tremblant et pâle comme un mort.

Le mépris est pour moi plus dur que la misère,
Et cette cruauté n'était pas nécessaire! »
La feuille n'était plus que cendre sous la main.
« Vous m'auriez fait plaisir, vous montrant plus humain,
Si vous l'aviez gardée et si vous l'aviez lue! »
Puis, d'un air tout confus :
     « Messieurs, je vous salue! »

Dans une large poche il fit rentrer ses vers,
Et, d'un pas chancelant, s'éloigna de travers.
La brume du tabac, lui faisant un nuage,
Noyait sa silhouette et son maigre visage.
Dans un lointain opaque et de vagues lueurs,
Il passait lentement au milieu des joueurs;
Le maître du café, sans bruit et d'un air digne,
L'invitant à partir, du doigt lui faisait signe;
Groupés sur son passage et le contrariant,
Les garçons à dessein le poussaient en riant.
Il atteignit la porte et l'ouvrit avec peine;
Mais, avant de sortir, — car la coupe était pleine, —
On eût vu le vieillard, se détournant un peu,
Essuyer une larme avec son mouchoir bleu!

  1853.

LIII

CHANSON POUR ALCESTE

A MON AMI LOUIS DIÉMER

J'étais venu pour voir ma mie ;
    Elle est partie !
Tout sera vide jusqu'au jour
    De son retour.

L'avez-vous vue ? Où donc est-elle ?
    Sa voix fidèle
De loin répondait à ma voix,
    Toutes les fois !

J'espérais à cette fenêtre
    La voir paraître,
Et puis descendre tout à coup
    Jusqu'à mon cou !

Mais j'ai trouvé la cour déserte,
    La porte ouverte,
L'âtre éteint, et, dans la maison,
    Pas un tison !

J'ai parcouru, la joue en nage,
    Tout son ménage ;
Je l'ai demandée au jardin,
    Parmi le thym ;

Parmi le thym et la jonchée,
    Je l'ai cherchée :
Dans l'enclos fermé de buissons,
    Plus de chansons !

A travers prés, taillis et vignes,
    Faisant des signes,
Jusqu'au moulin, tout essoufflé,
    Je suis allé ;

J'ai crié son nom sur la route :
    En vain j'écoute !
Je l'ai demandée au ramier,
    Son prisonnier.

Est-elle au bois ?... à la fontaine ?...
    J'en perds haleine !
Est-elle au village voisin,
    Chez son cousin ?...

Est-elle partie à la ville ?
    Et moi, tranquille,
Qui chantais le long du chemin,
    Troène en main !

Faut-il la suivre ou bien l'attendre ?
    Je veux l'apprendre !
Répondez-moi, mes bons amis :
    Je suis soumis.

Vous me regardez d'un air triste :
    Que Dieu m'assiste !
Où donc est-elle ?... Est-ce bien loin ?
    Je la rejoin !

Vous pleurez, les yeux vers la terre :
    Pourquoi vous taire ?
Je prévoyais bien mes malheurs,
    Mais non vos pleurs !

Est-elle allée en l'autre monde ?
    Qu'on me réponde !
Jusque-là je l'irai quérir,
    S'il faut mourir.

Vous m'indiquez du doigt l'église...
    Mon cœur se brise.
J'y voudrais aller de ce pas :
    Je ne peux pas !

1865.

LIV

LA RUPTURE

A MON AMI ÉDOUARD THIERRY

Un soir d'été, j'allais, d'humeur aventurière,
Le long d'un boulevard voisin d'une barrière.
Le paysage est triste, et vous le connaissez :
Un gazon sans couleur séchant dans des fossés ;
De grands ormes poudreux dont la double avenue
S'allonge en une route uniformément nue ;
Des bouges demi-clos, équivoques garnis,
Où d'étranges oiseaux nocturnes ont leurs nids
Près de vagues terrains bordés de palissades,
D'inquiétants logis aux vineuses façades,

Des cabarets si noirs et si discrets, que l'œil
Des passants attardés n'ose en sonder le seuil.
Pourtant, dans sa misère et sa monotonie,
Cette morne nature avait son harmonie.

Il faisait jour encore, et le ciel était pur.
On n'avait pas alors démoli le grand mur;
Et ce lieu retiré — presque une solitude —
Est propice aux amants ainsi qu'aux gens d'étude.
Des rouliers assoupis suivaient seuls le chemin.
Prose ou vers, je ne sais, j'avais un livre en main,
Mais je ne lisais point : que vaut le meilleur livre,
Près de la vérité qu'on heurte et qu'on sent vivre?
Deux êtres devant moi marchaient à quinze pas,
Qui causaient sans me voir, ou qui n'y pensaient pas;
Et, dès les premiers mots, mon oreille attentive
Devina tout un drame et demeura captive.
L'un était un jeune homme au regard effronté,
Qui marchait l'air fendant, le chapeau de côté,
Sûr de lui, satisfait, menton gras, barbe rase,
Ayant quelque habitude à tourner une phrase,
De ces gens qui ne sont ouvriers ni bourgeois,
Et savent en jouer les rôles, à leur choix;
Un beau mâle, un gaillard à la face replète,
Une âme de gredin dans le corps d'un athlète.

LA RUPTURE.

Il avait ses deux mains dans ses poches, parlait
D'une voix rude et brève, en homme qui voulait,
De ce ton convaincu dont la bouche s'explique,
Quand on a des raisons qui semblent sans réplique.

L'autre, — une femme, hélas! vous l'avez deviné, —
Tête basse, et le front tristement incliné,
Pâle, le sein gonflé d'un chagrin qui l'oppresse,
Une fille du peuple, une enfant, sa maîtresse,
Cheminait près de lui sans lui donner le bras,
Avec lui s'arrêtait, sur lui réglait son pas,
Semblait, esclave inerte à son geste enchaînée,
Lire en ses mouvements toute sa destinée ;
Surprise de souffrir et novice aux douleurs,
Elle allait en silence et dévorait ses pleurs.
Parfois, une parole, avec peine arrachée,
Sortait, comme un hoquet, de sa gorge séchée,
Il la brusquait alors, et la femme n'osait
Lui répondre ; et voici ce que l'homme disait :

« Il se fait tard ! Allons, assez de radotage ;
Tu parles de regrets? C'est dit. Je les partage.
Mais tous tes arguments, ma fille, sont piteux!
Je dois avoir enfin de la force pour deux.

Tu m'aimes? C'est fort bien : donne-m'en donc la preuve.
Tu veux te dévouer? Je te mets à l'épreuve :
Séparons-nous. Tu fais, comme moi, ton devoir ;
Il faut rompre d'un coup et ne plus se revoir.
— Quand donc?
    — Dès aujourd'hui.
        — Sans que rien m'y prépare?
— C'est le mieux! On s'embrasse, et puis l'on se sépare! »

Elle parut sortir d'un songe, et vivement :
« C'est donc vrai? Tu ne veux plus être mon amant?
Dit-elle. J'écoutais sans entendre et sans croire,
Comme si, par moments, tu contais une histoire!
C'est vrai? Tu ne veux plus de moi? Tout est fini?
Et je vais remonter seule dans ce garni?
Je ne te verrai plus?... C'est vraiment ton idée?
Brusquement? Dès ce soir?...
      — La chose est décidée.
— Et tu pars?
   — C'est possible.
       — Et tu vas me laisser?
— Je te l'ai dit vingt fois. Faut-il recommencer?... »
Elle saisit sa main :
    « Mais qui donc me protège?
Que ferai-je sans toi? Sans toi que deviendrai-je?

A vivre loin de toi comment m'accoutumer?
Il ne me reste plus personne pour m'aimer! »

Et lui :
  « Je te croyais plus de philosophie.
On ne fait pas toujours ce qu'on veut dans la vie!
Et, du moment qu'il faut, tôt ou tard, se quitter,
Le plus simple est encor de ne rien regretter.
Ces départs, ces adieux sont choses journalières,
Aux filles de ton âge histoires familières ;
Et plus d'une, à ta place, eût fait moins d'embarras.
Des yeux comme les tiens plairont quand tu voudras ;
Et jamais femme, ayant cet air et cette mine,
N'a souffert du veuvage et n'a crié famine! »
L'enfant, toujours plus pâle, ouvrit sur son amant
Un regard tout rempli d'affreux étonnement :
« Pour me parler ainsi, qu'ai-je fait qui te fâche?
Ai-je manqué de soins et négligé ma tâche?
Pour toi j'ai tout perdu, tout laissé, tout quitté :
Que veux-tu que je fasse avec ta liberté?
Toi parti, je ne vois tout autour qu'un grand vide! »

Comme il ne soufflait mot, elle, d'un ton rapide :

« On ne peut donc rester ensemble, dans un coin,
Sous les toits? Et s'aimer sans bruit? A-t-on besoin

De savoir ce que font les autres? ce qu'ils disent?
S'ils vous veulent du bien, du mal? s'ils vous méprisent?
Je suis une ouvrière : et toi donc? Un commis.
On ne nous disait rien d'être à deux! C'est permis.
Tu me l'as dit toi-même. Et maintenant tu n'oses!
Je n'ai connu que toi pour m'expliquer les choses;
Et je ne saurais rien du monde et de l'amour,
Si tu n'étais venu... te souviens-tu du jour?...
Et, quand tu voyageais, bien loin, dans une ville,
Je pleurais, j'attendais, je demeurais tranquille.
Je perdais loin de toi le sommeil et la faim.
Puis, quelquefois, — tu sais, — l'on s'épouse à la fin.
Ne me juges-tu pas digne d'être ta femme?...

— Bon! Voilà les grands mots! Je connais cette gamme.
T'épouser, toi, petite? Il n'y faut pas songer.
C'est assez de folie, et je veux me ranger.
— Pourtant, tu m'avais dit, si je restais fidèle,
Qu'un jour viendrait, plus tard, qui sait?... » murmura-t-ell
Puis, d'une voix plus faible encor :

       « Tu resterais,
Si j'avais un enfant!

    — Laisse là tes regrets!
Reprit-il. Je t'ai dit mes raisons, qui sont bonnes.
C'est moi qui pense juste, et toi qui déraisonnes. »

Et pendant quelque temps les deux voix se taisaient.
A s'éloigner déjà tous deux se refusaient,
L'un, par un reste obscur de vague conscience,
Comme s'il eût rougi de trop d'impatience ;
L'autre, par un effroi mortel, et sans pouvoir
Accoutumer sa vue à ne plus le revoir.

Oh ! ce qui s'agitait au fond de sa pensée,
Ce que souffrait cette âme ardente et délaissée,
A qui l'amant ne sut rien apprendre qu'aimer,
Nul, d'un langage humain, ne pourrait l'exprimer ;
Tout entière au souci prochain de la rupture,
Elle pleurait, sentant plus vive sa torture ;
Et, d'une ombrelle en jonc qu'elle avait à la main,
Frappait stupidement les cailloux du chemin.
Tout à coup :

« Mais enfin, dit-elle, si tu m'aimes ?...
— Mes sentiments pour toi, ma chère, sont les mêmes ;
Mais entends bien : l'amour n'est pas ce que tu crois.
On a tort d'oublier le monde : il a ses droits !
La jeunesse s'écoule, et tu sens qu'à mon âge
Il ne m'est plus permis de garder ce ménage,

Pour trimbaler le soir une maîtresse au bal!
Bon temps! Mais la raison me dit que je fais mal.
La vie est sérieuse; un jour vient qu'on y songe;
Sur ces trois ans perdus il faut passer l'éponge.]
Veux-tu qu'obstinément j'aille contrarier
Ma famille? On se plaint. On veut me marier.

— Te marier? dit-elle avec un cri.
         — Sans doute.
L'avenir, le travail, enfin la bonne route...
Tu comprends?... dit l'infâme avec quelque embarras.

— Oui... » fit la pauvre enfant qui ne comprenait pas.

Et, sur le même ton, sa parole emphatique
Déclamait les grands mots de morale pratique,
Que tous ces vils amants savent trouver un jour,
Sophistes de devoir comme ils l'étaient d'amour!
Il marchait, s'arrêtait, changeait dix fois de rôle,
Gesticulait des bras, du corps, haussait l'épaule,
Essayait le courroux, la pitié, la froideur,
S'éloignait par instants, comme un amant boudeur,
Puis revenait cruel, cynique, inexorable.

Et moi, j'aurais voulu crier : « Ah! misérable! »
Et soulageant mon cœur en pleine liberté,
Jeter tout mon mépris à tant de lâcheté!

Mais ils pressaient leur marche avec la nuit venue.
Le soleil, d'un dernier reflet, dorait la nue;
D'orageuses vapeurs tout le ciel se chargeait,
Et l'obscur boulevard, plus désert, s'allongeait
Sous les vieux ormes gris qu'un vent plus frais balance.
Le couple, près du mur, glissait dans le silence.
Lui, peut-être effrayé de se trouver des torts,
Sombre, se débattait contre un dernier remords.
Elle rêvait, pleurant son amour et sa joie.
Elle allait donc entrer dans l'inconnu. La voie
Qui se creusait obscure au-devant de ses pas
L'entraînait dans des fonds qu'on ne remonte pas!
Je la devinais seule, assise à sa fenêtre,
Sans conseil, sans idée, et sans travail peut-être,
Essayant de plonger dans le vague avenir,
Et le cœur défaillant d'un amer souvenir!

Au détour d'une rue enfin ils s'arrêtèrent.
Quelque temps, sans parler, tous les deux hésitèrent.
C'était l'instant suprême et trouble du départ.
Dans l'ombre, à quelques pas, j'écoutais à l'écart.

« Adieu ! » dit une voix.
                    Puis une autre, plus tendre,
Reprit tout bas :
            « Adieu ! »
                    Pourtant je pus l'entendre.
Et l'homme, à pas pressés, dans la vaste cité
Disparut. Et la femme alla de son côté.

1868.

LV

HAUTS FOURNEAUX

A MON AMI LÉONCE RIBERT.

L'Allemagne en travail est un laboratoire
Où l'alambic à froid distille la raison ;
L'Angleterre, marché du monde, à l'horizon
Voit fuir de ses vaisseaux la banderole noire ;

L'Italie, étalant les débris de sa gloire
Sous le soleil couchant de l'arrière-saison,
Est un musée immense et sans comparaison ;
La France est une forge où l'on fait de l'histoire !

Il lui faut la lueur des fourneaux allumés,
Les bras nus et suants, les charbons consumés,
La crépitation des grandes fonderies.

L'idée, à flots brûlants, sort des canaux ouverts ;
Et la coulée en feu, rejetant ses scories,
Donne assez de métal pour mouvoir l'univers !

1869.

LVI

VOYAGE

A LOUIS ULBACH.

Ami, partons pour les faubourgs !
Ce luxe qui grandit toujours
  Et nous enserre
Fatigue mes yeux éblouis :
Je veux voyager aux pays
  De la misère.

Je suis las des hautains mépris,
Du sourire des beaux esprits
  Dont l'âme est close ;
Et qui, sceptiques ou trembleurs,
Ne veulent pas de tant de pleurs
  Scruter la cause.

Je suis las des plafonds dorés,
De ces palais démesurés,
　　De ces merveilles
Dont l'entassement me confond ;
De ces plaisirs fiévreux qui font
　　Les folles veilles ;

Las des coupés assourdissants,
Las des salons éblouissants
　　Et délétères ;
Las du regard des satisfaits
Savourant leur glace aux buffets
　　Des ministères !

Je suis las de votre splendeur,
Courtisanes dont l'impudeur
　　Roule carrosse,
Et dont le robuste appétit,
A mesure qu'il engloutit,
　　Est plus féroce !

Je suis las de tous ces repus,
Les corrupteurs, les corrompus,
　　Sous leur brochette ;

Las du scandale dissolvant,
Las de la honte qui se vend
    Et qui s'achète !

Comme au devoir, allons ailleurs !
Je veux montrer les travailleurs
    Au parasite ;
C'est là-bas, dans les vieux quartiers,
Que je veux aux rudes métiers
    Rendre visite.

Je veux entendre sur l'étau
Tomber et bondir le marteau
    Qui forge ou cloue ;
Et, dans l'usine aux tuyaux noirs,
Entendre des grands laminoirs
    Ronfler la roue ;

Je veux voir ces lutteurs obscurs,
Au teint de bronze, aux muscles durs,
    A l'âme altière ;
Qui sont les puissances d'en bas,
Et livrent d'éternels combats
    A la matière ;

Je veux voir les cœurs valeureux,
Les résignés, les malheureux,
    Les méchants même;
Et dans leurs yeux, et sur leur front,
Déchiffrer ce qu'ils me diront
    Du grand problème!

Je veux voir ces vieilles maisons
Pour qui vainement les saisons
    Semblent se suivre;
Qui couvrent dans leurs profondeurs
Des ténèbres et des odeurs
    Où l'on peut vivre!

Je veux, trébuchant au grenier,
Tendre la main au prisonnier
    De la mansarde,
Et pénétrer jusqu'à ces toits
Où, par des soupiraux étroits,
    Dieu seul regarde!

Je veux enfin, pour tout savoir,
M'enfoncer dans le gouffre noir,
    Plus bas encore,

M'arrêtant quand j'aurai touché
L'ulcère hideux et caché
    Qui nous dévore!

Il le faut : car, les yeux distraits,
Moi-même aussi je t'oublierais,
    Dans ma démence,
Problème obscur des temps nouveaux,
O cauchemar de nos cerveaux,
    Misère immense!

1868.

LVII

L'AME IMMORTELLE

A MON AMI PAUL JANET.

L'œil éteint, l'air hébété,
Menaçant des bras l'espace,
Près du mur l'ivrogne passe
Dans son imbécillité.
Épave inerte et brutale,
Son corps trébuche et s'étale
Dans les fanges du chemin ;
Le sang ruisselle à sa joue,
Et s'y mêle avec la boue,
Son seul lit jusqu'à demain !

Mais, hélas! où donc est-elle,
— Car j'y crois! — l'âme immortelle?

La nuit vient : le vice impur,
Peint de blanc, fardé de rouge,
Se glisse hors de son bouge
Et marche au passant obscur;
Pareil à la bête immonde,
Il ne sait plus rien du monde
Que ce commerce infernal,
Où le corps — supplice infâme! —
Ne fait rien passer de l'âme
Dans l'embrassement vénal!

Mais alors se voile-t-elle,
— Car j'y crois! — l'âme immortelle?

Allons, forçat vieux et laid,
Rampe, et fais sonner ta chaîne!
Sur ton cœur pèse une haine
Plus lourde que ton boulet!
Va! La honte est ta compagne!
Le crime et trente ans de bagne

Ont creusé, sans un remord,
Sur ton effroyable face
Des sillons que rien n'efface,
Sinon le doigt de la mort !

Mais où donc se cache-t-elle,
— Car j'y crois ! — l'âme immortelle ?

Dans le coin d'un cabanon,
Secouant sa camisole,
Le fou hagard qu'on isole
Hurle avec des cris sans nom !
De l'homme en lui rien ne reste ;
Terrible est l'œil et le geste ;
Moins hideux est l'animal !
Sa bouche bave et veut mordre,
Et l'on voit ses flancs se tordre
Sous l'étreinte du haut-mal !

Hélas ! hélas ! que dit-elle
Dans ce corps, — l'âme immortelle ?

Et toi, les jours et les mois,
Vieille idiote accroupie,

L'AME IMMORTELLE.

Que fais-tu là ? Ta charpie
N'a donc pas lassé tes doigts ?
Mystère de la nature,
Équivoque créature,
Cervelle aux rêves flottants,
Jamais ta face ridée
Ne rayonna d'une idée,
Morne enfant de soixante ans !

Mais pourquoi sommeille-t-elle,
— Car j'y crois ! — l'âme immortelle ?

Pourtant j'en pourrais douter,
Quand un monstre à face humaine
Dans l'histoire se promène
Et vient nous épouvanter !
Le sang l'enivre, et la guerre ;
Le droit n'est qu'un frein vulgaire
Pour son mépris souverain !
Il proscrit, dépouille et tue,
En attendant la statue
Qu'on lui coule avec l'airain !

Dans le tyran que fait-elle,
— Car j'y crois ! — l'âme immortelle ?

Et puis, un jour, tout finit :
Idiots, fous, incurables,
Les méchants, les misérables,
Le tombeau les réunit.
Le cadavre est là, livide ;
Il se dissout : l'œil avide
Plonge, et veut y lire en vain ;
En vain, quand la chair se glace,
On veut démêler la place
Où dort le souffle divin !

Parle, ô mort ! Où donc est-elle,
— Car j'y crois ! — l'âme immortelle ?...

1866.

II

Pendant la guerre

Après la guerre

PRÉFACE

DE LA PREMIÈRE ÉDITION
(1872.)

Les lecteurs qui, sur la foi du titre, croiraient trouver dans ce livre, sinon un poème sur l'invasion prussienne, du moins une œuvre d'ensemble, une suite de poésies reliées entre elles et consacrées au récit de nos luttes nationales, seraient vite détrompés en le parcourant. Nous avons voulu simplement recueillir quelques pièces détachées, déjà publiées isolément pour la plupart, durant le siège de Paris, au profit d'œuvres patriotiques. Il serait peut-être difficile de les retrouver aujourd'hui, si l'auteur n'essayait lui-même de les tirer, pour quelques amis bienveillants, d'un oubli trop probable.

Ceux qui ont vécu à Paris, du mois de septembre 1870 au mois de février 1871, savent combien on avait de peine à se livrer à une occupation régulière; de quelle fièvre perpétuelle les esprits étaient agités; quelle succession d'espérances et de mécomptes traversait les imaginations, et, par une tension ou une détente de chaque jour, fatiguait les ressorts de la volonté. Temps prodigieux, d'ailleurs, où Paris tout entier vécut d'une vie nouvelle et connut des devoirs trop oubliés; où l'inattendu ne causait plus de surprise, où l'abnégation devenait facile, où l'héroïsme entrait sans effort dans les mœurs, où l'on acceptait, en souriant, toutes les misères, comme on eût affronté, en les glorifiant, tous les sacrifices.

Certes, les sujets ne manquaient point, ni les poètes; et, à défaut d'une œuvre de longue haleine, fruit des calmes loisirs et d'un sang-froid supérieur, on ne serait pas embarrassé de trouver, pour les grouper en un recueil très digne d'intérêt, de nombreux morceaux de poésie, nés au jour le jour, au hasard de l'inspiration, chants de guerre, récits épisodiques, tableaux intimes du siège, strophes chaleureuses en l'honneur des résistances locales ou des mémorables dévouements, fragments poétiques de toute forme, de toute nature et de toute valeur, éléments épars d'une vaste épopée qui serait signée des noms de Leconte de Lisle, de Coppée, de Théodore de Banville, de Henri de Bornier, de Sully-Prudhomme, d'Édouard Fournier, de Pailleron, de Bergerat, de Lacaussade, et de beaucoup d'autres encore [1].

Nous-même, alors que pour les plus pacifiques le fusil remplaçait la plume, nous aurions voulu noter tant d'impressions rapides, et fixer au passage, pour en former un tout, les plus fortes émotions qu'il soit donné à l'homme, au citoyen, au poète, d'éprouver : nous y avons renoncé. Il a fallu certaines circonstances, ou des dispositions d'esprit particulières, il a fallu surtout le stimulant du théâtre et du débit public, pour susciter la plupart des petits poèmes que nous conservons ici, et dont cette préface sera le commentaire.

A peine la guerre avait-elle éclaté, que les femmes témoignèrent partout de leur charité ardente, en se vouant au soin des blessés, en se préparant aux pénibles veillées des ambulances, en prenant la Croix rouge de Genève, symbole de leurs devoirs nouveaux. Plusieurs partirent pour les armées, d'autres s'associèrent dans la pensée de distribuer des dons aux pauvres, de créer des ateliers de travail, de subvenir à tant de misères

---

1. Victor Hugo n'avait pas publié *l'Année terrible*.

tardivement entrevues. Il fallait trouver de l'argent, beaucoup d'argent : le bien coûte cher ! Jamais les théâtres de Paris n'ont, en pareil cas, refusé leur concours. La Comédie-Française, sur l'initiative de son directeur, M. Édouard Thierry, homme dont le cœur est au niveau de l'intelligence, prit, la première, sa part de cette propagande généreuse, prélude d'autres et de plus complets dévouements, dont elle donna plus tard l'exemple [1]. La scène intitulée *Pour les blessés* fut composée dans le but de contribuer à un appel de ce genre.

La représentation était fixée au samedi 6 août. Dans la journée, une dernière répétition avait lieu, quand la nouvelle d'une victoire remportée par notre armée du Rhin se répandit, on le sait, dans tout Paris. La crédulité, complice de nos désirs, en colportait les détails triomphants, avidement recueillis et répétés sans contrôle. Ce fut, pendant quelques heures, un vertige de joie folle ! Comme on rapportait qu'une dépêche, placardée à la Bourse, donnait l'annonce officielle de la bataille, chacun en voulait avoir la certitude. Nous sortîmes précipitamment du théâtre, artistes, auteurs, en ce moment réunis. Dans la rue, on s'interrogeait, on se félicitait, on se pressait les mains sans se

---

[1]. Voir le volume *la Comédie-Française pendant les deux sièges*, par Édouard Thierry, *Journal de l'administrateur général*.

connaître. Partout les drapeaux hissés (hélas! on en avait fait provision d'avance!) se balançaient joyeusement aux fenêtres. Nous courûmes vers la Bourse, où nous attendait un spectacle indescriptible.

Mais déjà, dans cette multitude en délire qui couvrait la place à peine abordable, commençaient à circuler des paroles de doute et de défiance. Bientôt l'affreux démenti, repoussé d'abord comme une manœuvre traîtresse, venait étreindre et glacer les cœurs. La déception, aussi prompte qu'avait été l'espérance, gagnait de proche en proche, mêlée de colère et de vague inquiétude. Rien n'était plus étrange que ce double courant populaire formé, dans chaque rue, de ceux qui accouraient la gaieté sur le front, le triomphe dans les yeux, et de ceux qui s'en retournaient la tête basse, le regard gêné, l'allure presque honteuse, essayant de faire rebrousser chemin aux derniers arrivants, tandis que s'élevait ce cri tragique qu'il faut avoir entendu : « Rentrez les drapeaux! »

On revint à pas lents au théâtre, où la répétition s'acheva tristement. Le soir, la représentation eut lieu; c'était au bénéfice de l'*Œuvre des blessés de terre et de mer*. La salle, quoique toute remplie, était morne : on eût dit que les spectateurs, outre la déception connue, avaient le pressentiment que, le même jour, à la même heure, nous étions frappés, à Frœschwiller et à Reichshoffen, d'un irréparable désastre. M. Delaunay récita d'abord, avec le talent qu'on lui connaît, *le Rhin allemand*, d'Alfred de Musset, et des vers de M. Pailleron, *le Départ*. Mais ces bravades enthousiastes, pas plus que *la Marseillaise*, également inscrite au programme, ne trouvaient d'écho, malgré la sincérité des poètes et l'accent passionné du comédien. Même la poésie mâle de Corneille et de Ponsard, qui venait ensuite, sonnait douloureusement dans les âmes. Quant à la scène *Pour les blessés*, l'effet dépassa ce que l'auteur en pouvait attendre, tant fut admirable, dans sa simplicité, l'interprétation de mademoiselle Favart et de M. Coquelin. Pourtant, ce fut d'abord une impression pénible. A l'aspect de ce jeune blessé, étendu sur un lit d'ambulance, les cœurs se serrèrent; la vue du sang n'aurait pu troubler davantage; il y avait, dans cette émotion, du malaise, et comme une vision trop nette de la réalité.

Les représentations du Théâtre-Français furent interrompues, dans le deuil de la patrie, pour reprendre quelques semaines après la chute de l'Empire, en plein siège, comme un défi aux assiégeants. Elles avaient lieu au milieu de la journée, dans des conditions toutes différentes. La scène

Pour les blessés fut redonnée le 25 octobre, jour de la réouverture, après un compliment ému adressé au public par M. Édouard Thierry, et à la suite d'une de ces ingénieuses et éloquentes conférences où M. Legouvé, parlant au profit des victimes de la guerre, fortifiait le moral des Parisiens, avec son langage si vif, si entraînant, en un mot si français. Ce jour-là, des blessés véritables, soignés dans l'ambulance du théâtre avec la plus touchante charité, assistaient au spectacle, et montraient, dans une loge d'avant-scène, leurs pâles visages de convalescents et leurs bras en écharpe. C'était la vraie pièce, plus poignante que la fiction de l'auteur.

Le 6 novembre 1870, une nouvelle matinée dramatique avait lieu pour l'*Œuvre des blessés du Ier arrondissement*. On ne se contentait pas de faire entendre, à la Comédie-Française et sur d'autres théâtres, les vers de Victor Hugo ou d'Auguste Barbier; par une innovation dont les poètes plus jeunes n'ont pas eu à se plaindre, on continuait à inscrire sur le programme des intermèdes de poésies inédites, fort goûtés d'un public indulgent, parce qu'ils exprimaient les préoccupations de l'heure présente. C'est là que mademoiselle Favart, «*vêtue d'une adorable robe blanche, satinée et duvetée comme un plumage de tourterelle*», pour emprunter à M. Théophile Gautier l'aimable portrait qu'il a tracé d'elle dans ses *Tableaux de siège*, récita pour la première fois *les Pigeons de la République*, prêtant à ces quelques stances le charme de sa voix mélodieuse et la grâce de son geste inspiré. Les pigeons nous apportaient alors les messages de l'espérance. *On vient!* disait la prophétesse; et chacun répétait tout bas, avec elle, cette parole qui répondait à de si chères illusions. Les ballons, à leur tour, la reportèrent à nos amis de la province et de l'étranger [1]. Quand les dépêches transmises par les pigeons étaient plus inquiétantes, les vers disparaissaient de l'affiche, pour reparaître avec les promesses et les chimères nouvelles. L'annonce de la prise d'Orléans fit trouver à mademoiselle Favart des accents peut-être plus pénétrants encore et d'un plus ardent enthousiasme. Le 20 et le 27 novembre, elle continuait à dire les stances; mais déjà, derrière la scène où nous étions groupés pour causer de la guerre et nous communiquer nos doutes, à deux pas de cette ambulance établie dans le foyer du théâtre, au bruit de ce canon qui accompagnait les vers de Molière ou de Racine, nous songions parfois à supprimer « *On vient!* »

---

[1]. Deux admirables dessins de M. Puvis de Chavannes, reproduits par la lithographie, traduisirent pour les yeux ce que la poésie essayait d'exprimer à sa manière.

pour ne laisser que l'interrogation pressante, dont le tour semblait plus conforme à nos secrètes appréhensions.

Le 2 janvier, la comédienne attristée, découragée, répétait encore : « On vient! » quand déjà chacun de nous, au fond du cœur, ne croyait plus qu'on pût venir.

Le 1er janvier 1871 restera pour les Parisiens un souvenir unique. Nul n'aurait imaginé que la résistance presque passive pût se prolonger jusque-là, et que tant de cœurs séparés ne se seraient pas rejoints à cette date, consacrée à toutes les saintes tendresses du foyer. Pourtant ce jour arriva : nous étions encore prisonniers, et les êtres chers manquaient au rendez-vous! On avait eu l'idée, à la Comédie-Française, de commencer la représentation projetée par quelques vers appropriés à la circonstance; et M. Coquelin, revêtu, non point de l'habit noir traditionnel, mais de cette tunique fanée de garde national qu'on ne quittait plus guère, récita devant une salle pleine, où dominaient les uniformes, le compliment : « Bon jour, bon an! » Combien de pères, de maris, de fils se reconnurent en écoutant ces strophes improvisées où l'artiste traduisait avec tout son talent et toute son âme les émotions communes! Quant au poète, il avait eu bien peu de chose à faire pour être assuré d'émouvoir, et les mots les plus simples devaient pénétrer mieux que les plus fortes images : c'est ainsi que, le long des boulevards, il suffisait de quelques étalagistes clairsemés, offrant avec mélancolie des jouets de rebut qui trouvaient peu d'acheteurs, pour tirer des larmes de ceux-là même que n'avaient pu troubler jusqu'alors ni les souffrances, ni les privations, ni les périls d'un long siège.

Cependant, de plus en plus, les poètes changeaient le ton de leurs vers. Aux appels enthousiastes, aux défis héroïques et téméraires, avaient succédé d'abord les espérances indécises, les retours de fortune rêvés et prédits; puis, les sourdes colères, les plaintes mal étouffées, le sentiment de la défaite, inutilement retardée par tant d'épreuves. De semaine en semaine, la note était plus triste; accablée de la honte présente, la pensée se reportait vers l'avenir, et l'on applaudissait *Stella*, l'étoile du matin signalée par le poète des *Châtiments*. Comment les oublier, ces représentations des mois de décembre et de janvier, où des spectateurs, presque tous soldats, se hâtaient de venir, entre deux factions ou deux escarmouches, entendre, à la pâle lueur des lampes de pétrole, au lointain fracas du bombardement de la rive gauche, la poésie des maîtres et celle des disciples, dans cette salle imposante de la Comédie-Française, dont la physionomie, durant ces sombres jours, mériterait un historien [1].

Le 19 janvier avait eu lieu le combat de Buzenval. Est-il besoin de rappeler ce que nous coûta cette suprême tentative? Les noms regrettés se pressent sur les lèvres. Nous avions connu Henri Regnault pendant le siège. Nous étions voisins, et inscrits au même bataillon. Nous nous étions vus trop rarement, mais toujours dans des occasions où la rencontre laisse une trace durable. La dernière fois, c'était au commencement de janvier, à l'une de ces belles ventes de bienfaisance qui, malgré les obus, attiraient la foule au Ministère de l'instruction publique. Il y trouvait sa fiancée, qui tenait un de ces comptoirs improvisés où, dans le pêle-mêle ingénieux d'un vaste bazar, on vendait gaiement jusqu'à des comestibles. Il prenait fort au sérieux son métier de soldat, et nous lui reprochions de faire trop bon marché de sa vie et de son avenir. Il souriait du reproche sans y répondre. Le 20 janvier, il n'avait pas reparu.

Nous l'apprîmes des premiers par deux amis communs, que nous rencontrâmes le lendemain matin, tout effarés, et ne pouvant admettre, malgré

---

1. Elle l'a eu. Voir le *Journal* de M. Éd. Thierry.

des indices trop clairs, la certitude d'un si grand malheur. On espérait, on cherchait, on pleurait. Cela dura deux jours. Puis on trouva le corps, et les funérailles furent célébrées, on sait avec quel deuil universel et quelle affluence!

Les vers que nous publions furent écrits au sortir de l'église Saint-Augustin, sous l'impression profonde de cette perte, et dans la tristesse de la capitulation. Rappelons encore un détail minime, mais qui peint bien cette époque singulière. Ce fut dans une allée du cimetière Montmartre, où un autre deuil nous avait réunis le surlendemain, — les cimetières étaient des rendez-vous de presque tous les jours! — que M. Coquelin donna connaissance de ces vers à M. Édouard Thierry, et qu'il sembla juste de les faire entendre sur le théâtre, comme un hommage public au peintre et à l'ami. Ils furent dits plusieurs fois : ce fut le dernier intermède de poésie, et la fin de ces représentations du siège.

Nous ne parlerons point de quelques pièces plus personnelles, écrites également à cette époque, mais qui n'ont pas été publiées alors, ni récitées sur le théâtre. Nous les donnons à leurs dates. Celle qui ouvre le volume, *Alea* — notons ce détail, — ne trouva point de journal disposé à la publier. Les derniers morceaux, bien que postérieurs à la guerre, se rattachent de trop près aux événements qu'elle a provoqués pour que nous hésitions à les insérer dans ce volume : ce sont des dates encore, et des souvenirs.

Le 24 mai, les obus de la Commune, lancés à pleine volée du haut de Montmartre, pénétrèrent dans notre logis désert. Au retour, nous le trouvâmes en grande partie bouleversé, saccagé, ruiné. Nous avons essayé de nous consoler avec quelques vers.

Au mois d'août, une fête de bienfaisance était donnée au cirque des Champs-Élysées, sous le patronage de madame Thiers. M. Legouvé s'y faisait, comme toujours, applaudir dans une belle conférence sur *les Épaves du naufrage*. Une aimable et intelligente comédienne, mademoiselle Delaporte, venue de Russie avec d'abondantes offrandes destinées à ses malheureux compatriotes, avait le droit de faire entendre les regrets de la colonie française de Saint-Pétersbourg, qu'elle représentait si généreusement. Nous nous fîmes volontiers l'écho de douleurs et d'angoisses qu'elle nous avait contées avec une franche et naturelle émotion, dont le public eut, à son tour, le touchant spectacle.

Quelques mots encore pour rappeler que l'*Œuvre des femmes de France*, au profit de la libération du territoire, a eu sa période de confiance et d'enthousiasme. Nous avons cru nous-même à la grandeur de cette entreprise, à la sainteté de cet effort. Nous l'avons cru, nous l'avons dit ; et l'artiste éminente à qui nous devions déjà d'autres succès, toujours prête et dévouée quand il faut parler au nom de la patrie, a fait entendre, au loin, sur la scène de Marseille, des strophes peu dignes, sans doute, du sujet, mais accueillies comme l'accent sincère de nos vœux patriotiques. Il nous a semblé qu'il était bon de finir par ce cri de délivrance.

Et maintenant, excusons-nous une dernière fois d'avoir mêlé le mince intérêt de nos vers aux événements de ces deux années. Mais ce qui semble d'abord bien ambitieux est précisément ce qui peut servir à nous justifier : si nous avons quelque raison de publier ces petits poèmes, c'est que chacun d'eux a été, à son jour et dans une certaine mesure, l'expression du sentiment public ; c'est qu'ils rappellent des souvenirs qui ne sauraient être indifférents à personne ; c'est qu'enfin, ils appartiennent, pour leur humble part, à l'histoire littéraire du siège de Paris, et aux annales de la Comédie-Française.

1872.

Il n'est pas inutile, après vingt-six ans, d'ajouter quelques lignes à la Préface qui précède. Le volume

PRÉFACE.

Pendant la guerre s'est accru, durant les années qui suivirent, de pièces nouvelles, nées des circonstances, après le Siège, après la Commune et la perte de deux provinces. *Le Dernier Délai* fut récité par Coquelin, le 21 décembre 1873, devant un auditoire immense, à la *Fête patriotique de l'arbre de Noël*, plusieurs semaines après l'option définitive de nos frères Alsaciens et Lorrains. *L'Association générale d'Alsace-Lorraine*, au profit de laquelle ces vers furent publiés, en avait fait l'envoi dans les pays annexés. *Le Codicille de maître Moser*, *Germania*, et d'autres récits parurent dans diverses Revues avant d'être réunis dans le volume *En voyage* et dans le recueil des *Poésies du Foyer et de l'École*, où nous les reprenons pour les placer ici, à leur rang et à leur date, en rappelant que toutes ces poésies ont été, par Arrêté spécial du gouvernement prussien, interdites en Alsace-Lorraine. Elles ont trouvé, en France, au théâtre et dans les récitations publiques, des interprètes éloquents et passionnés. Enfin on voudra bien ne pas s'étonner que les deux pièces à Victor Hugo et à Pasteur aient été choisies pour clore le volume. Proclamer ce que la France doit au plus grand de ses poètes lyriques et au plus admirable de ses savants, qui tous deux nous honorèrent de leur amitié, n'est-ce pas, dans nos revers, une éclatante revanche? N'est-ce pas un rayonnement de gloire qui projette sa clarté consolante sur nos plus sombres jours?

1898.

I

ALEA

Juillet 1870

Rois, nous vous adjurons encore !
Tous vos apprêts sont terminés :
Pour un dénoûment qu'on ignore
Cent mille hommes sont condamnés ;

Cent mille êtres jeunes et braves,
Se traitant comme des bandits,
Vont tomber — ces chiffres sont graves ! —
Hachés par vos engins maudits.

La plaine boira, plus féconde,
Le sang de tous ces nobles cœurs ;
Mais un deuil qui navre le monde
Vous attend, vaincus ou vainqueurs.

Si vous avez des consciences
Que le remords puisse émouvoir,
Étouffez vos impatiences,
Et pesez bien votre devoir !

La guerre où vous poussez les hommes
Garde plus d'un retour vengeur ;
La minute obscure où nous sommes
Trouble pour vous l'humble songeur.

La mort va faucher sur vos terres :
De quel côté ? Nul n'en sait rien !
Vous jouez avec des mystères
Qui font pâlir l'historien !

Il en est temps : que Dieu t'inspire,
O toi qui, le premier des deux,
Diras : « C'est trop payer l'empire
Au prix de ce fléau hideux !

« Je laisse au fourreau mon épée!
La gloire, en quête de combats,
Cette fois-ci sera trompée :
Décidément, je ne veux pas! »

Donne, oh! donne ce grand exemple,
Unique au monde jusqu'ici,
Et l'Europe qui te contemple
Te dira : « Sois béni! Merci! »

Fais retentir cette parole
Dont tressaillira l'univers :
« L'homme est sacré, la lutte est folle;
Et vaincre est encore un revers! »

Tu ne verras point, dans le rêve
Où se complaisait ton orgueil,
Les arcs triomphaux qu'on élève
Dans l'oubli des mères en deuil;

Tu n'entendras point le tapage
Que font les stupides canons;
Tu n'auras point la sombre page
Où l'histoire inscrit les grands noms;

Tu n'auras point — que nous importe ! —
Le coin de terre convoité :
Mais, si par toi la guerre est morte,
Oh ! la belle immortalité [1].

---

[1]. Ces vers, écrits à la veille de la guerre, ne purent être publiés même dans des journaux où nous comptions des amis ; ils froissaient l'opinion surexcitée, qui n'était déjà plus en état de les accepter. « Nous ne pouvons pas ! » nous répondait-on.

II

POUR LES BLESSÉS

SCÈNE DRAMATIQUE

REPRÉSENTÉE AU THÉATRE-FRANÇAIS
LE 6 AOUT 1870

Au bénéfice de la Société de Secours aux blessés de terre et de mer.

A MADAME CORALIE CAHEN

Permettez-moi, Madame et chère parente, d'attacher votre nom à cette petite scène qui rappelle un dévouement et un courage dont vous avez donné vous-même tant de preuves admirables sur les champs de bataille, dans les ambulances, et, jusqu'au fond de l'Allemagne, parmi nos prisonniers.

E. M. — 1872.

PERSONNAGES :

UN BLESSÉ. . . . . M. COQUELIN.
UNE JEUNE FEMME. . . . . . Mlle FAVART.

Une maison rustique servant d'ambulance. Décor emblématique : des drapeaux, des faisceaux. Au fond, sur une espèce de terrasse, un étendard blanc avec croix rouge. Un lit de camp; au milieu, deux sièges, une table. Un jeune officier français est étendu, blessé et à moitié couvert d'un manteau militaire. Son uniforme et son épée sont posés sur une chaise. Une jeune femme, vêtue d'un costume d'infirmière, avec une croix rouge sur la poitrine, se tient debout auprès de lui.

LA JEUNE FEMME

Dors, pauvre soldat, dors, après ces nuits de fièvre,
Où le délire ardent n'a pas quitté ta lèvre !
J'ai souffert de ton mal sans l'avoir éprouvé :
Mais j'ai pu te guérir... et tu seras sauvé !
 Elle le regarde avec intérêt.
Il va s'éveiller... Non.
 Elle l'écoute.
    Que dit-il?... Je l'ignore.
Son souffle est régulier. Je crois le voir encore,
Quand on nous l'apporta sur le point de mourir.
Hélas! je dois apprendre à ne plus m'attendrir!

Il faut m'accoutumer à regarder en face
Tout ce mal qu'en son nom Dieu permet que l'on fasse !
On l'étendit. Je vins vers sa couche en tremblant :
Comme il était poudreux, misérable et sanglant !
Il était demeuré tout le jour sur la plaine,
Perdu parmi les morts, et respirant à peine.
Les bras avaient manqué pour relever à temps
Ceux qui vivaient encor de tous ces combattants.
On cherche : et je comprends que le cœur vous défaille,
A glaner des blessés sur un champ de bataille !
Pauvre enfant ! Une balle avait troué son sein.
Je lus la confiance aux yeux du médecin.
Mais ce qu'il faut surtout, ce n'est pas la science :
C'est, quand elle a parlé, la longue patience
Qui veille, qui soulage, et n'omet aucun soin ;
C'est, auprès du chevet, l'invisible témoin
Qui devine, au regard, la souffrance inquiète,
Tend vers la bouche en feu la boisson toujours prête,
Relève l'oreiller sous le front alourdi.
Ah ! pour la lutte même un homme est plus hardi !
Notre courage, à nous, c'est d'aller, pauvres femmes,
Panser les corps, verser le baume sur les âmes ;
De sourire aux mourants, jusqu'à parler d'espoir
A ceux que l'infirmier viendra couvrir le soir,
Et d'adoucir, avec des paroles bénies,
Le morne isolement des lentes agonies.

Un silence.

LE BLESSÉ, à moitié sommeillant.

J'ai soif...

LA JEUNE FEMME, lui tendant un breuvage.

Prenez ce verre...

L'empêchant de trop boire.

Assez !

LE BLESSÉ, montrant sa poitrine.

Je souffre ici...

LA JEUNE FEMME

C'est ce manteau qui pèse : écartons-le.

LE BLESSÉ

Merci !

J'ai peine à regarder en face la lumière...

LA JEUNE FEMME, ramenant un rideau à la fenêtre.

Est-ce bien ?

LE BLESSÉ

Oui. — Quand donc écrirai-je à ma mère ?
J'ai rêvé d'elle...

LA JEUNE FEMME

Eh bien, dictez, et j'écrirai.
Je suis là ! D'un blessé tout désir est sacré.
Attendez, je vais prendre un papier, une plume...

LE BLESSÉ, ouvrant les yeux.

Vous, ma sœur ?... Mais qui donc êtes-vous ? Ce costume

N'est pas celui des Sœurs qu'on voit à l'hôpital,
Et que je saluais dans mon pays natal...

LA JEUNE FEMME, souriant.

Faut-il donc à jamais avoir quitté le monde
Pour soulager qui souffre et s'oublier un peu?
Et toute charité serait-elle inféconde,
Quand la main qu'on vous tend n'appartient pas à Dieu?
Non, ce n'est pas un vœu que notre ministère :
Ici notre présence est toute volontaire;
Nous accourons partout où peut couler le sang,
Et nous portons — voyez — croix rouge sur fond blanc!

LE BLESSÉ

Quoi! Jeune, belle et libre, affronter la souffrance!

LA JEUNE FEMME

C'est le devoir nouveau que s'impose la France.

LE BLESSÉ

Ah! j'étais bien certain qu'elle n'oubliait pas!

LA JEUNE FEMME

Elle n'a plus qu'un cœur, celui de ses soldats!
  Dans son angoisse maternelle,
  Elle est venue, et veut sa part;
  Sur tous ces fils frappés pour elle
  Elle attache un divin regard.
  Elle veut laver la blessure,
  Recueillir le mot qui rassure,

Aider à chaque pansement,
Et se prodiguer elle-même
Pour le salut de ce qu'elle aime,
Par l'amour et le dévoûment!

LE BLESSÉ

Parlez! Car j'ai besoin d'entendre,
Après ces cris et ces combats,
Une voix pacifique et tendre,
Qui calme et n'épouvante pas.
Tout me revient à la mémoire :
Je m'éveille, et j'ai peine à croire
Au spectacle qu'ont vu mes yeux;
Et, quand je suis tombé moi-même,
C'était bien un adieu suprême
Que ma lèvre adressait aux cieux!

LA JEUNE FEMME

Je n'ose ordonner le silence
A la voix faible que j'entends :
J'avais peur d'une somnolence
Qui durait depuis si longtemps.
Racontez tout, je vous écoute.
Hélas! je sais ce qu'il en coûte
Même aux heureux, même aux vainqueurs!
Je vois de près tant de misères,
Que vos vertus sont nécessaires
Pour consoler nos tristes cœurs!

LE BLESSÉ, s'asseyant sur son lit.

Nous avions combattu tout le jour sans relâche.
Dans nos rangs, pas un homme ébranlé, pas un lâche !
Et, quand on attaquait, nous entonnions ce chant
Qui vous fait triompher déjà, rien qu'en marchant.
A ce moment, chaque âme est ferme et bien munie :
Sous le regard de Dieu, seule, elle communie ;
A ceux qu'on aime on donne un dernier souvenir.
Dieu seul dirait comment bat le cœur d'une armée
Qui court en frémissant à travers la fumée !
Le sacrifice est fait et la mort peut venir.
On ne se pose plus de problème inutile,
Pourquoi l'on meurt, pourquoi l'on tue ou l'on mutile,
Pourquoi ce but vivant qu'on vise à l'horizon.
Chacun boit d'un seul trait la coupe où l'on s'enivre ;
On ne demande plus s'il faut mourir ou vivre :
Une force inconnue emporte la raison !

LA JEUNE FEMME

Votre voix est trop animée :
J'ai peur d'avoir tant écouté.
Est-elle donc si bien fermée,
Hélas ! la blessure enflammée
Qui saignait à votre côté ?

LE BLESSÉ

La plaine n'était plus qu'une paille hachée
Où le sang abreuvait la terre desséchée.

J'avais vu près de moi rouler de chers amis ;
Mais j'avançais toujours : je me l'étais promis.
Nous franchissions vergers, ruisseaux, ravins, collines,
Hameaux, où le canon n'a laissé que ruines ;
J'avais chaud, j'avais soif, et j'étais affamé.
Sur mon cœur j'avais mis un portrait bien-aimé,
Ma mère, — un talisman sacré pour qui s'expose ! —
Quand, d'un vieux bâtiment dont la porte était close,
Un poste d'habits verts fit feu subitement ;
Et, sans pousser un cri, je tombai lourdement.
Elle lui prend la main.
J'entendais le clairon, couché contre une haie ;
Et, tandis qu'à l'embûche on faisait rude accueil,
Je sentais s'écouler tout le sang de ma plaie.
Alors de mes vingt ans je pris tout bas le deuil,
Et je m'évanouis dans un rêve d'orgueil.

LA JEUNE FEMME

Pourtant, ami, la vie est belle,
Et vous êtes si jeune encor !
Vous puisez à peine au trésor
Que l'espérance renouvelle.
Quoi ! Pas un souci de mourir ?
Pas un regret ? Pas une plainte ?
Pas même cette obscure crainte
Que la nature a de souffrir ?

LE BLESSÉ

Non! Et puisque la mort est une loi fatale,
Qu'il faut subir un jour, et peut-être demain,
Qui frappe à nos foyers comme sur le chemin,
Sournoise pour les uns, pour les autres brutale,
J'aime encor mieux partir, jeune avec mon espoir,
Et dans quelque sillon de la terre natale
Tomber pour une idée ou bien pour un devoir!

LA JEUNE FEMME

Mais vous haïssez donc ceux que l'on vous oppose?...

LE BLESSÉ

Non! L'on ne hait personne : on ne sait qu'une chose,
C'est qu'il faut soutenir partout le vieil honneur;
C'est qu'on a près de soi la patrie inquiète;
C'est que les blés sont mûrs et qu'on est moissonneur;
C'est qu'un peuple décroît dont l'histoire est muette;
C'est qu'enfin le courage est la suprême loi;
Que le péril absout, que la mort justifie;
C'est qu'on part, c'est qu'on chante et qu'on donne sa vie
Pour un mot tout brûlant des ardeurs de la foi!

LA JEUNE FEMME

O patrie, on a beau raisonner, tu l'emportes!
Les âmes que tu fais sont encor les plus fortes;
Et, sitôt que dans l'air a grondé le canon,
Tout s'efface, excepté la grandeur de ton nom!

Ah! j'ai longtemps rêvé sur ces pâles visages!
Ceux qui vont au-devant de la mort sont des sages;
Et les peuples encor n'ont rien vu de plus beau
Qu'un brin de laurier vert sur un jeune tombeau!

Un silence.

    Mais l'heure terrible est passée,
    Et vous avez vaincu le sort.
    N'arrêtez plus votre pensée
    Sur ces images de la mort!
    L'honneur est grand, le mal immense;
    Notre devoir, à nous, commence
    Lorsque le vôtre est accompli :
    A votre sanglant sacrifice
    Nous n'ajoutons pas le supplice
    De l'abandon et de l'oubli!

O des nouveaux combats mystère impénétrable!
Tous ces maux que le temps n'a point su conjurer,
Ne les supprimant pas, il faut les réparer!
L'on était sans pitié : l'on devient secourable.
La main qui fit couler le sang veut le tarir,
Et plus on a frappé, plus on voudrait guérir!

Voyez-vous ce drapeau là-bas qui se balance?
    C'est le salut, c'est l'ambulance;

Le médecin tout prêt pour étancher le sang ;
    C'est l'eau fraîche qui rend la vie ;
    C'est le vin vieux qui fortifie ;
    C'est le sommeil dans un lit blanc !

Tout manquait autrefois, il faut que tout abonde ;
Il faut de l'or, il faut des bras, il faut des cœurs ;
Et la fraternité revivra dans le monde
En ne distinguant pas les vaincus des vainqueurs.
La charité s'éveille infatigable, ardente ;
Pas un cœur qui ne batte aux efforts que l'on tente.
Vous chantiez le départ : nous songeons au retour !
Vos plaintes, vos douleurs, vos besoins sont les nôtres.
Ceux qui n'ont pas de fils ont ceux de tous les autres,
Et le danger commun fait le commun amour !
O vous qui comparez la gloire et sa misère,
Tranchez le superflu, livrez le nécessaire !
C'est en vous qu'ils ont foi, tous ces pauvres blessés.
Et vous ne donnerez à leurs fils, à leurs veuves,
A tous ceux qu'atteindront ces sévères épreuves,
Jamais trop tôt, jamais trop tard, jamais assez !

LE BLESSÉ

Ah ! que le ciel vous paye en bonheur, femmes saintes,
Qui, parmi les sanglots, les cris aigus, les plaintes,
Avez réalisé ce sublime dessein
D'unir en un seul corps l'ange et le médecin !

LA JEUNE FEMME

Mais n'oubliez donc pas, — c'est de l'ingratitude, —
N'oubliez pas combien est plus lourd et plus rude
Le sacrifice obscur de ceux qui n'avaient rien
Que leur sang, la charrue ou l'outil pour tout bien.
L'absence de l'enfant, de l'époux ou du père
Appauvrit le logis, déjà si peu prospère.
Il faut que, dans les champs, le paysan cassé
Reprenne le sillon où son fils l'a laissé.
L'ouvrière, berçant le petit qui sommeille,
Pour suppléer l'absent doit prolonger sa veille.
Auprès de ces labeurs combien pèsent nos soins?
Les pauvres ne sont pas ceux qui donnent le moins :
Et, s'il faut comparer ce que chacun supporte,
C'est l'abnégation des humbles qui l'emporte!

LE BLESSÉ

Mais vous, un calme heureux vous retenait là-bas!
Pourquoi vous hasarder jusqu'ici? Cette place
Demain peut retentir encor de nos combats.
L'ennemi n'est pas loin. Partez... N'attendez pas,
Pour chercher un abri, qu'un péril vous menace!...

On entend un coup de feu.

Tenez!... Entendez-vous?...

On entend un deuxième coup de feu.

Encore un coup de feu!
Dans notre campement viendrait-on nous surprendre?

C'est la guerre! Partez!... Non, ce n'est pas un jeu!...
Il se lève.
Je vais mieux, je vais bien!... A moi de vous défendre!
> Il prend son épée, s'aperçoit qu'il est trop faible, et s'appuie sur son lit.

LA JEUNE FEMME

Ami, vous seul ici me causez de l'effroi.
Nul ne peut violer ce seuil sans sacrilège ;
Le pavillon qui flotte au dehors nous protège :
C'est le pavillon neutre, il veillera sur moi !
Couchez-vous... Votre main de sueur est trempée.
Il n'est pas temps encor de reprendre l'épée...
> Elle l'oblige à se rasseoir, et reprend sa mante, dont elle s'enveloppe.

LE BLESSÉ

Ainsi vous me quittez ?

LA JEUNE FEMME

        D'autres veulent mes soins.
Adieu !

LE BLESSÉ

Mais..... votre nom, laissez-le-moi du moins !

LA JEUNE FEMME

A quoi bon ?

LE BLESSÉ

    Je pourrai le redire à ma mère.
Elle vous doit son fils et vous lui serez chère...
Puis moi-même bien mieux je pourrai vous bénir !

LA JEUNE FEMME

C'est inutile... Adieu! Qu'importe un souvenir,
Qu'importe un nom de plus au fond de la mémoire!
La charité n'a point de noms dans son histoire.
Une simple prière est tout ce que je veux.
Vous souffrez, je guéris : c'est assez pour tous deux.
Le reste ne serait que vaine rêverie!
Des pures régions ne redescendez pas :
Nous n'avons, vous et moi, qu'un seul nom ici-bas :
Vous êtes le Courage, et je suis la Patrie!

Elle sort; il la suit des yeux.

III

LES PIGEONS DE LA RÉPUBLIQUE [1]

Octobre 1870.

A MADEMOISELLE FAVART

Doux pigeons, messagers d'amour,
Vous dont tant d'âmes consolées,
Comptant les heures écoulées,
Autrefois fêtaient le retour ;

Vous qui rapportiez sous vos ailes,
Caché dans le plumage blanc,

---

[1]. Vers récités par mademoiselle Favart, au Théâtre-Français, les 6, 20 et 27 novembre 1870 et le 2 janvier 1871.

Le pli que l'on ouvre en tremblant,
Le secret des amours fidèles;

Vous qui disiez des riens charmants
A l'oreille de vos maîtresses,
Ou frissonniez sous les caresses
Et le long baiser des amants :

Votre rôle n'est plus le même!
Paris a vu les étrangers!
Il n'est plus, pauvres messagers,
Il n'est plus le temps où l'on aime!

Nous souffrons des malheurs sans nom;
La honte a soufflé sur nos têtes,
Et nous n'avons plus d'autres fêtes
Que les grondements du canon!

Vous faisiez sourire naguère!
Qui de nous eût prédit jamais
Que vous seriez, oiseaux de paix,
Enrôlés pour la grande guerre!

Qu'après l'amour et ses fadeurs,
Il vous faudrait, dans vos voyages,
Porter de plus graves messages
Que tous nos vieux ambassadeurs!

L'orgueil dont s'enivraient les hommes
Se sent-il assez châtié!
Votre instinct nous prend en pitié,
Dans cette impuissance où nous sommes!

Deux millions de détenus
Attendent qu'un ramier réponde;
Et la cité, reine du monde,
Demande : « Êtes-vous revenus? »

Paris est le navire en butte
A l'écume de l'ouragan;
Le col pris dans l'étroit carcan,
C'est le fier prisonnier qui lutte!

Parlez! Voit-on vers l'horizon
Blanchir les lignes de la rive?
Sait-on si notre frère arrive,
Prêt à forcer notre prison?

Parlez! La France est-elle en marche?
Son cœur au nôtre est-il uni?
Tenez-vous le rameau béni,
Comme la colombe de l'arche?

A nos captifs promettez-vous
La délivrance qu'on prépare?
Le flot du conquérant barbare
Va-t-il décroître autour de nous?

Parlez! Dans les bois, dans les plaines,
Sur les coteaux, le long des champs,
Avez-vous entendu les chants
Des légions républicaines?

Avez-vous vu leur pas hardi
Frapper le sol en longues files?
Vient-on des hameaux et des villes?
Vient-on du Nord et du Midi?

On vient! Votre aile palpitante
Bat plus joyeuse au colombier!
Béni soit ce frêle papier,
Espoir d'une héroïque attente!

Votre vol est officiel :
C'est le salut qu'il nous annonce!
La France a dicté la réponse,
Et vous nous l'apportez du ciel!

IV

VISION

Novembre 1870.

A MA MÈRE

I

J'ai vu, dans un rêve attristé,
Deux chaumières presque pareilles ;
Et deux voix, dans l'obscurité,
Plaintives, frappaient mes oreilles.

Chaque logis était caché
Dans un de ces vallons prospères
D'où la guerre avait arraché
Bien des enfants et bien des pères.

C'était l'hiver : l'hiver accroît
Le souci des absents qu'on aime,
Quand l'âpre morsure du froid
S'attaque au blessé morne et blême !

La neige posait lentement
Ses flocons sur les branches mortes ;
La bise au long gémissement
Pleurait par les fentes des portes ;

Tous les chemins étaient déserts ;
Les corbeaux, sous la brume dense,
Volaient par bandes, dans les airs,
Aux festins flairés à distance.

Les deux foyers se ressemblaient ;
Et, devant le feu de broussailles,
Deux mères, dont les doigts tremblaient,
Songeaient aux lointaines batailles.

L'angoisse étreignait ces deux cœurs
Sevrés des caresses passées ;
Le devoir avec ses rigueurs
Troublait leurs naïves pensées ;

Leur esprit voyageait là-bas :
Point de lettre qui les rassure !
Quand les enfants sont aux combats,
Pour les mères tout est blessure !

L'une disait — cris obstinés,
Navrants dans sa langue ou la nôtre : —
« Mein Kind !... Mein Kind !... » — Vous comprenez ?
« Mon fils !... Mon fils !... » murmurait l'autre.

II

Et j'entendais, au même instant,
Sur un affreux champ de carnage,
Contre la souffrance luttant,
Gémir deux enfants du même âge.

C'était en hiver, et le soir.
Les canons venaient de se taire,
Et, pêle-mêle, on pouvait voir
Français, Saxons couchés à terre.

La neige aussi couvrait les bois,
Vers tous ces pâles fronts chassée;
Un chœur de lamentables voix
Perçait la nuit sombre et glacée.

Les deux soldats se ressemblaient,
Mourant quand il fait bon de vivre;
Et leurs pauvres membres tremblaient,
Bleuis par la bise ou le givre!

Ils sentaient, trop faibles tous deux,
Couler leur sang que rien n'étanche.
La bande des corbeaux hideux
Tournoyait sur la plaine blanche.

Ils s'éteignaient dans un ravin,
En proie aux angoisses dernières;
Leurs yeux de loin suivaient en vain
La longue file des civières!

L'étrange réveil du passé,
Qui précède l'adieu suprême,
Évoquait pour chaque blessé
La vision de ce qu'il aime;

VISION.

Et tous deux, au moment sacré
Où la mort, en passant, vous touche,
Jetaient l'appel désespéré
Que les petits ont à la bouche :

L'un répétait — cris obstinés,
Navrants dans sa langue ou la nôtre : —
« Mutter!... Mutter!... » — Vous comprenez ?
— « Maman!... Maman!... » murmurait l'autre.

V

LA VISITE AU FORT

Décembre 1870.

A MON AMI ÉDOUARD DETAILLE

Avec son grand panier qui lui battait la hanche,
La bonne femme allait au fort chaque dimanche,
Et cheminait alerte à travers le faubourg;
Car jamais une mère a-t-elle trouvé lourd,
Fût-elle encor plus vieille, et fût-elle moins forte,
Quand il est pour son fils, le fardeau qu'elle porte?
Que d'ingénus soucis pour l'enfant qu'elle aimait!
Que d'objets chaque fois l'humble osier renfermait,
Depuis les gros souliers faits pour braver la neige,
Jusqu'aux vivres que peut fournir la fin d'un siège!
Et, lorsqu'elle voyait, de loin, les yeux ravis,

Son brave enfant debout contre le pont-levis,
Elle pressait le pas, lui faisant mille signes
Pour l'attirer dehors, en dépit des consignes.

Et des cris, des baisers, et des récits sans fin !
Et puis les questions : « As-tu froid ? As-tu faim ?
As-tu gardé pour toi, pour toi seul, en cachette,
Quand je veux te gâter, les douceurs que j'achète ?
J'entendais le canon des forts : s'est-on battu ?
Et les précautions que tu sais, les prends-tu ?
Quel rude hiver ! As-tu bien chaud sous ta vareuse ?
En travaillant pour toi, je suis moins malheureuse ;
J'ajoute tous les jours quelque chose au panier ;
Je me dis : « C'est pour lui ! C'est pour mon prisonnier ! »
Et l'on a beau compter sept jours à la semaine,
Moi, je n'en connais qu'un, celui qui me ramène ! »

Elle continuait ainsi, l'interrogeant ;
Et le soldat d'hier jouait au vieux sergent :
« Tout va bien. L'on s'y fait. Tiens-toi tranquille. En somme,
Il faut beaucoup de plomb pour vous abattre un homme !
Il me semble que j'ai toujours fait ce métier,
Et l'on te le rendra vivant, ton héritier ! »

Ce jour-là, — l'on était en décembre, — la brume
Rendait le temps plus sombre encor que de coutume,

Et les chemins boueux qui s'en vont vers les forts
Étaient tristes, comme est, l'hiver, le champ des morts!
Longeant les deux côtés des profondes ornières,
Des soldats en désordre, avec leurs cantinières,
Sordides, harassés, mornes, à moitié gris,
Et l'arme à volonté, retournaient dans Paris.
Un clairon sonnant faux, un fourgon d'ambulance
Lourdement cahoté, rompaient seuls le silence.
Les yeux vers le talus qui s'estompait là-bas,
La femme, sans rien voir ailleurs, hâtait le pas.

Aux approches du fort, où rentraient quelques troupes,
Un mouvement confus la surprit : dans des groupes,
Des soldats effarés, se plaignant sans raison,
Semaient dans les cerveaux ces bruits de trahison,
Les seuls qui font chez nous accepter les défaites!
Sur la route, passaient au trot des estafettes;
Et près du pont-levis que nul ne franchissait,
Plongeant l'œil dans les cours, la foule se pressait,
Anxieuse, farouche, avide de nouvelles.

La pauvre femme, en proie à des transes mortelles,
Courait : un coup soudain venait de l'émouvoir :
Car il avait suffi d'un seul regard pour voir

Que son fils n'était point à sa place ordinaire.
Elle se dirigea vers le factionnaire,
Brusque, poussant les gens, et n'ayant qu'un souci.
Il l'arrêta : « La mère, on n'entre pas ici. »

Cependant, autour d'elle on parlait à voix haute :
« On les a mitraillés, et ce n'est pas leur faute !
— De ceux qui sont sortis avant le point du jour,
On ne saura jamais combien sont de retour !
— Ces enfants, le canon n'en fait qu'une bouchée ! »

Elle écoutait, stupide et la langue séchée.
Puis, tout à coup : « Il faut que je passe !... — Non ! non !
— Je veux... Je viens pour voir mon fils. — Quel est son nom ? »
Elle le dit, tremblante, et prononçant à peine ;
Ajouta qu'il était mobile de la Seine,
Dans telle compagnie et dans tel bataillon ;
Du doigt, elle indiquait de loin le pavillon
Qu'il occupait, citant jusqu'à des camarades
Qu'elle lui connaissait, par leurs noms et leurs grades.

Quand le planton revint, disant : « Il est absent ! »
Elle redit ce mot avec un tel accent,

Que l'autre, un vieux marin qui n'avait pas l'air tendre,
Se sentit un frisson au cœur, rien qu'à l'entendre.
Elle voulut parler : les sons ne venaient point.
Ainsi qu'une idiote adossée à son coin,
Tout le jour on la vit debout près de la porte.
Ses yeux disaient : « J'attends qu'il revienne, ou qu'il sorte ! »
Rien, ni bruits du dehors, ni rumeurs dans les cours,
Ni la voix des clairons, ni celle des tambours,
Ni le flux et reflux des foules dispersées,
Ne la pouvaient tirer de ses vagues pensées.

La sentinelle vint tout à coup la troubler :
« Allons, la mère, au large ! Il faut vous en aller !
Vous n'avez rien à faire ici : c'est inutile !
Allons ! N'attendez pas qu'il pleuve un projectile !
— J'étais là pour mon fils... — Vous reviendrez demain. »
Elle prit son panier, et se mit en chemin.
« Absent ! » Elle n'osait sonder cette nouvelle.
Mille rêves confus dans sa faible cervelle
Passaient : l'espoir déçu, l'étonnement, l'effroi,
Même un regret naïf des présents sans emploi !
On devinait l'effort d'une secrète lutte ;
Elle se retournait de minute en minute,
Pensant voir tout à coup la porte se rouvrir,
Et son fils, derrière elle, en grondant, accourir !

Lentement, elle fit deux cents pas sur la route,
Puis s'assit près du bord, prise d'un dernier doute :
Et l'âpre jour d'hiver était à son déclin,
Qu'on l'y voyait encore, avec son panier plein.

Décembre 1870.

VI

UTOPIE

Décembre 1870.

A MON AMI LOUIS RATISBONNE.

I

Non, disais-je, c'est impossible !
Non, l'avenir ne veut plus voir
L'homme, à l'homme servant de cible,
D'un jeu sanglant faire un devoir !

C'en est fait des fureurs vulgaires
Et de l'antique talion !
On se lasse enfin de ces guerres
Dignes du tigre et du lion !

La concorde sourit au monde !
L'arbre a poussé : cueillons le fruit.
Salut à tout ce qui féconde !
Maudit soit tout ce qui détruit !

Ainsi qu'une famille unie,
Où nul intérêt débattu
Ne rompt la touchante harmonie
Du travail et de la vertu,

Les hommes, retrouvant leur voie
Au sortir d'un brouillard épais,
Ne lutteront plus avec joie
Que pour les gloires de la paix !

Comme un démenti monotone
Qui me réveille et me poursuit,
Encore le canon qui tonne
Dans le silence de la nuit !

II

Forcer l'âme, qui se révolte,
A boire la haine à pleins bords ;

Revoir la grange sans récolte,
Les champs foulés, les arbres morts ;

Suivre la marche des armées
Aux rouges sillons du chemin :
Entendre des voix affamées
Qui se tairont le lendemain ;

Deviner d'effroyables choses,
Quand l'obus a troué les rangs ;
Saisir sur tant de lèvres closes
Le dernier râle des mourants ;

Batailles, sièges et famine,
Toits fumants, hameaux dévastés,
Troupeaux humains qu'on extermine
Pour d'ineptes rivalités !

Ah ! ces forfaits sont d'un autre âge !
La fraternelle loi d'amour
Ne permet pas, sans qu'on l'outrage,
D'en prévoir même le retour !

Comme un démenti monotone
Qui me raille et qui me poursuit,
Encore le canon qui tonne
Dans le silence de la nuit !

III

J'ai vu la fête universelle,
Vaste champ clos du genre humain,
Où la seule victoire est celle
Qui laisse pure notre main ;

J'ai vu la ruche immense et sainte,
Radieuse sous un beau ciel,
Où toute abeille a pu, sans crainte,
Distiller son rayon de miel ;

J'ai vu le temple magnifique
Qui semblait au monde enchanté
Offrir ce culte pacifique
Pour qui les meilleurs ont lutté :

Et j'ai dit : « C'est la grande trêve
De tous les peuples rassemblés !
La discorde n'est plus qu'un rêve
Qui hantait nos esprits troublés ;

» Les peuples ont d'autres pensées,
Les rois d'autres ambitions,
Que de prendre aux fêtes passées
Leurs sanglantes libations ! »

Comme un démenti monotone
Qui me raille et qui me poursuit,
Encore le canon qui tonne
Dans le silence de la nuit !

IV

Fondateurs de cités nouvelles,
Prophètes des progrès lointains,
Vous qui fatiguiez vos cervelles
Au problème de nos destins,

Comme vous, j'ai passé ma vie
Me demandant d'où naît le mal,
Et pourquoi l'homme, qui dévie,
Tombe plus bas que l'animal.

Mais enfin votre aube se lève,
Versant sa clarté sur nos fronts ;
Et nous pouvons briser le glaive,
Le glaive que nous abhorrons !

Vos promesses ne sont plus vaines :
Ceux-là sont désormais les fous
Qui disaient : « Ouvrez-vous les veines,
O nations, et saignez-vous ! »

Le règne de Dieu se prépare,
Et le vieux monde rajeunit,
Non dans la haine qui sépare,
Mais dans l'amour qui réunit.

Encore le canon qui tonne,
Qui tonne, tonne, et me poursuit,
Comme un démenti monotone
Dans le silence de la nuit !

VII

LA RECHERCHE

Décembre 1870.

Parents, allez chercher vos fils que l'on enterre!

Il n'est pas revenu, le jeune volontaire
Des loisirs du rempart si longtemps courroucé :
Ses compagnons l'ont vu tomber, mort ou blessé,
Et n'ont pu l'enlever, tant l'attaque fut prompte,
De la plaine, où passait un ouragan de fonte.
Le soir, on répondait à son nom : « Disparu! »
Après avoir, de salle en salle, parcouru
Les petits lits pressés des longues ambulances,
Sous le linge sanglant cherchant des ressemblances,

Le père avec l'ami qu'on trouve aux mauvais jours
Se sont mis en campagne, au delà des faubourgs :
Car on veut retrouver pour le baiser suprême,
Si mutilés qu'ils soient, les corps de ceux qu'on aime !

La vapeur du matin voile encor l'horizon.
Tous deux ont dépassé la dernière maison,
Et gravissent, sans dire un mot, la rude pente ;
A leurs pieds lentement la Marne qui serpente
Emporte des secrets qu'on ne connaîtra pas.
Déjà sur les chemins la trace des combats
Apparaît : la retraite a semé ses épaves,
Et quelques morts sur eux fixent leurs grands yeux caves.
Ils jettent un coup d'œil, mais ne s'arrêtent point :
Celui qu'ils vont chercher a dû tomber plus loin !
Ils s'avancent, pressés d'arriver à la plaine.
Le froid fait un nuage avec leur tiède haleine,
Et leurs pas incertains glissent dans les sentiers.
On leur a dit qu'il faut deux jours, deux jours entiers,
Dans ces vignes, ces champs, ces bois que l'on explore,
Pour recueillir tous ceux qui respirent encore,
Ou creuser une tombe à ceux qui ne sont plus !
Ils cherchent, — tour à tour grimpant sur les talus,
Ou passant dans l'enclos qu'un bout de mur protège,
Ou descendant le long des ravins pleins de neige,

Pour sonder de plus près la couche qui se fond.
Les calmes brancardiers sur la brume sans fond
Détachent, par instants, leur noire silhouette,
Et poursuivent là-bas leur besogne muette.
Le sinistre rôdeur s'échappe des buissons
Pour retourner les sacs et fouiller les caissons,
Ou reprendre aux corbeaux le corps qu'il leur dispute.
Sur le vaste plateau qui vit l'horrible lutte,
Ils sont montés enfin : c'est ici que la mort
A frappé nos soldats dans leur plus grand effort;
Et de ce blanc tapis de neige qu'elle souille,
La mitraille en fureur a fait un champ de houille.

Pour contempler la guerre et son déchaînement,
Les sombres visiteurs s'arrêtent un moment,
Et leur deuil se confond dans la douleur immense
Que fait naître, à la voir de près, cette démence !
Puis tous deux, sans parler, tristement ont repris
Leur lent pèlerinage au milieu des débris.
Ils cherchent. — Des soldats leur indiquent les places
Où le combat plus vif a laissé plus de traces :
Combien de fronts sanglants par eux interrogés !
Quels regards, de minute en minute, échangés,
Durant la monotone et longue promenade,
Dans ces champs qu'a fouillés deux jours la canonnade !

LA RECHERCHE.

Combien de fois tous deux se sont vus défaillir
A cette rude épreuve où l'on se sent vieillir !

Ils cherchent. — Chaque pli de terrain, chaque pierre,
Chaque sillon qui semble entr'ouvrir une bière,
La touffe d'herbe où va s'arrêter l'œil errant,
Le pan de mur où peut s'adosser un mourant,
L'arbre brisé tordant son branchage farouche,
Le fossé plein de boue où le blessé se couche,
Les fourgons dételés encombrant les chemins,
Tout est scruté par eux du regard ou des mains.
Un cadavre parfois, le front contre la terre,
Les attire ; remplis d'un trouble involontaire,
Ils le tournent : l'espoir, un instant, avait lui ;
Puis le corps lourdement tombe : ce n'est pas lui !
Lorsque roule auprès d'eux un convoi d'ambulance,
Ils y courent émus : le vieillard qui s'élance
Jette un coup d'œil rapide à ces pâles blessés,
Dans l'engourdissement de leur mal affaissés ;
Et, plus morne, il revient, en secouant la tête !
Un logis entr'ouvert quelquefois les arrête :
Il est désert, il est lugubre et dévasté.

Un passant qui les voit leur dit : « De ce côté ! »

Le long d'un mur de parc troué de meurtrières,
Où deux prêtres tout haut récitaient des prières,
Tandis qu'avec respect chacun se découvrait,
Noire dans le sol blanc une fosse s'ouvrait,
Large, longue, profonde, ainsi qu'une tranchée :
Pour un pressant devoir nécropole ébauchée ;
Et, rigides, serrés sur deux rangs près des bords,
Pour le repos terrestre étaient couchés les morts.

Le père a devancé le jeune homme : il lui tarde
De n'avoir plus un doute ; et, pâle, il les regarde.
On devine, on le laisse approcher à loisir,
Et se pencher vers eux, et tâcher de saisir
Leurs traits défigurés : on croirait qu'il espère
En voir un se dresser et lui dire : « Mon père ! »
Tous les deux, ils sont là se maîtrisant : leurs yeux
Passent d'un corps à l'autre, et cherchent anxieux ;
Hormis le pauvre enfant, nulle horreur ne les touche :

Soudain, en même temps, un cri meurt sur leur bouche :
Ils se sont regardés, ils se sont pris la main ;
Et le père, faisant un effort surhumain,
Essuie un front taché de sang, sali de boue,
Écarte des cheveux collés sur chaque joue,
Presse un corps, qu'il retient doucement soulevé ;
Un visage apparaît livide : ils ont trouvé.

VIII

BON JOUR, BON AN![1]

1ᵉʳ janvier 1871.

« Bon jour, bon an ! » disaient nos pères.
Dans les logis les moins prospères
Se glissait un rayon d'espoir,
Quand la jeune et riante année
Au manteau de la cheminée,
En grelottant, venait s'asseoir !

L'heure présente est rude et sombre !
Nul n'oserait compter le nombre
Des deuils qu'il nous faudra mener ;

---

1. Compliment au public, récité par M. Coquelin au Théâtre-Français, le 1ᵉʳ janvier 1871.

Et Décembre à Janvier n'apporte,
Au lieu de sa joyeuse escorte,
Que des Prussiens à canonner.

Pourtant, en dépit des menaces,
Nos espérances sont tenaces
A nos foyers et dans nos cœurs;
Et j'ai voulu vous parler d'elles,
Vous qui venez, amis fidèles,
Jusqu'ici braver nos vainqueurs!

La rampe a perdu son prestige.
Emportés d'un commun vertige,
La guerre est notre seul discours!
Notre maison, plus familière,
Vous offre, comme eût fait Molière,
Le compliment des heureux jours.

Nos vœux d'abord pour ceux qui luttent :
Engagés d'hier, qui débutent
Dans les grands rôles de héros!
Nos vœux pour ces soldats imberbes
Qui partent, chantant et superbes,
Sous la mitraille des bourreaux!

Pour ceux qui, dédaignant l'asile
Dès champs plus sûrs où l'on s'exile,
Sont restés où l'on se défend !
Pour ceux qui souffrent en silence
Le froid, la faim, la mort, l'absence,
— L'absence d'un petit enfant !

Ce matin, à la première heure,
Qu'elle était vide la demeure
D'où ces jolis êtres ont fui !
Ah ! triste siège ! Ah ! temps hostiles !
Ah ! chères bouches inutiles,
Si nécessaires aujourd'hui !

A l'an prochain toutes ces fêtes,
Le groupe aimé des jeunes têtes
Apparaissant au bord du lit ;
Et, devant le petit Tantale,
Ces jouets que le père étale,
Et ces vœux qu'un baiser remplit !

O vous, dont l'âme au loin voyage
Vers la montagne ou vers la plage
Où la famille a fait son nid,

Que, pour prix d'un tel sacrifice,
Chaque ballon vous soit propice,
Chaque ramier vous soit béni !

Puissiez-vous bientôt, sous la voûte
Où l'œil guette, où l'oreille écoute,
Voir enfin fumer la vapeur,
Entendre siffler sur la voie
Ce signal qui sème la joie,
Et qui, ce jour-là, fera peur !

Et quand, resserré par la foule,
Ainsi qu'un fleuve qui s'écoule,
Le flot des voyageurs descend,
Vous rejoindre, d'un œil avide,
Ceux qui restèrent, sans un vide ;
Ceux qui rentrent, sans un absent !

Des vœux encor ! Que la souffrance
Nous dicte, après la délivrance,
Des devoirs mâles et nouveaux !
Que tout s'apaise dans les âmes !
Vieillards, enfants, hommes et femmes,
La République a ses travaux !

A nous l'honneur, à toi la honte,
Vieille Europe à trembler si prompte,
Si lente lorsqu'il faut agir !
Pour ton châtiment, sois muette !
C'est le rôle qu'on te souhaite :
Et rougis, — si tu peux rougir !

Et toi, France, France adorée,
Sois guérie et régénérée,
Pour avoir saintement lutté !
Puisses-tu renaître plus grande,
Toi dont le sang pur est l'offrande
Que tu fais à la liberté !

Tu peux saigner ; mais ta blessure
Qu'un ennemi cruel pressure,
Est plus noble que son acier :
Tu peux tomber : tu te relèves
Plus forte, pour briser les glaives,
O peuple, entre tous, justicier !

Tu prolongeais un culte impie :
Mais l'erreur des pères s'expie !
Où sont les coups que tu frappais ?

Hélas! ne parlons plus de gloire!
Il faut recommencer l'histoire
Dans la majesté de la paix!

Comme autrefois, éclaire encore;
Travaille au droit qui s'élabore;
Et fais un jour pâlir d'horreur
Ceux qui reçoivent et qui donnent,
Au bruit des obusiers qui tonnent,
Des diadèmes d'empereur!

Des empereurs! Quelle démence!
Allemagne, ton tour commence :
C'est la revanche de Sedan!
C'est bien toi qui l'auras voulue!
— Et maintenant, je vous salue,
Et je vous dis : « Bon jour, bon an! »

IX

DÉFAILLANCE

Janvier 1871.

A MON AMI COQUELIN.

I

Ami, la France est là, de coups affreux meurtrie,
  Pâle, chancelante, aux abois ;
La sanglante marée inonde la patrie,
  Le loup du Nord court dans nos bois ;
Comme jadis, le Hun, le Suève, le Vandale,
  Sous la capote du Prussien,
Sont venus : et la Seine a subi le scandale
  D'un drapeau qui n'est pas le sien !

L'étranger pille, il tue, il s'acharne, il saccage ;
    Sa marche creuse un long tombeau ;
Nous, comme le lion qui tourne dans sa cage,
    Nous voyons passer le troupeau !
Défense au paysan de protéger sa terre
    Et de mordre dans son pain bis ;
Le toit qu'il s'est bâti, l'eau qui le désaltère,
    Ses chers meubles, ses chauds habits ;
Les bœufs qui ruminaient, montrant leurs larges têtes
    Le long de l'enclos familier ;
Le vin vieux qui n'était tiré qu'aux grandes fêtes
    Des coins obscurs de son cellier :
Rien n'est à lui ! La guerre implacable et brutale
    Met ses mains lourdes sur son bien ;
S'il résiste au bandit galonné qui s'installe,
    On le fusille comme un chien.

O rage ! Sous le pied des conquérants foulée,
    Tu survis à ta liberté,
France ! Et le flot, roulant de vallée en vallée,
    Bat les murs de notre cité.
Heure terrible ! Au loin, sans merci ni relâche,
    Le canon gronde avec grand bruit ;
Nul ne voit l'ennemi mystérieux : sa tâche
    S'accomplit dans l'ombre, la nuit.

Il compte, jour par jour, nos forces épuisées,
    Avec un mépris souverain,
Et fait rugir au flanc des collines boisées
    Son monstrueux bétail d'airain.
Dehors, dedans, partout, sous les toits, dans les rues,
    Allumant de rouges éclairs,
Les bombes font courir, effrayantes et drues,
    Leur sillon de feu dans les airs;
Et le stupide engin que le mortier nous lance
    Frappe, écrase, hache en morceaux
Les blessés somnolents dans leurs lits d'ambulance,
    Et les enfants dans leurs berceaux!

II

Et tu viens évoquer l'Art et la Poésie!
    Tu viens, ami, comme autrefois,
Stimuler, en grondant, ma lente fantaisie
    Qui rue et se cabre à ta voix!
Tu réveilles l'essaim de nos fictions vaines,
    Quand la France, en proie aux larrons,
Fait couler, à longs flots, le pur sang de ses veines,
    Pour laver, du moins, ses affronts!

Et c'est toi qui me dis de retremper ma plume,
    Et de retourner à mes jeux ;
De commander le calme à mon sang qui s'allume
    Au souffle des jours orageux ;
De mentir, sur la scène, avec des douleurs feintes,
    Quand nous avons ce deuil au cœur ;
Et d'essuyer déjà ces larmes — larmes saintes ! —
    Que nous arrache le vainqueur !
Et tu veux que mon âme à ce point se domine,
    Que mon esprit soit libre assez
Pour oublier l'hiver, la lutte, la famine,
    Tant de morts et tant de blessés !
Et tu veux qu'à trois pas de l'affreux précipice
    Je laboure en paix mes sillons ;
Que je dise à la Muse : « Allons ! l'heure est propice !
    Tandis qu'ils meurent, travaillons ! »

Je l'ai voulu pourtant : oui, j'ai fait violence
    A tout mon être révolté ;
J'ai demandé l'oubli, j'ai créé le silence ;
    Ce triste effort, je l'ai tenté !
Je ne peux pas ! Mon âme indécise et troublée
    N'a plus ni force ni chaleur ;
Et je sens ma raison défaillir, accablée
    Sous l'ivresse de la douleur !

Je lui cherche un appui : je me cherche moi-même !
    Je ne vois qu'ombre autour de moi,
Et m'apprête aux horreurs de la lutte suprême,
    Que je pressens avec effroi !

III

As-tu vu, recevant dans sa coque trouée
    Chaque flot du large accouru,
Au pied de la falaise une barque échouée,
    Dont l'équipage a disparu ?
As-tu vu dans les champs, durant les soirs d'automne,
    Sous la grêle et sous l'ouragan,
Un de ces chariots rustiques, qu'abandonne
    En plein chaume le paysan ?
En vain il a fouetté ses percherons : la terre
    Sous leurs sabots se creuse et fuit ;
Nul secours ne lui vient dans ce coin solitaire
    Noÿé des brumes de la nuit ;
De ses muscles nerveux s'acharnant sur la roue,
    Il la dispute au sol mouvant,
Et la voit s'enfoncer dans le sillon de boue
    Qu'elle ouvre toujours plus avant.

Enfin, découragé, las d'efforts, il s'arrête,
 La pluie et la sueur au front;
L'horizon tout entier n'est plus qu'une tempête
 Dont les grands chênes trembleront!
Effrayé des éclats du vent qui siffle et gronde
 Sur les buissons échevelés,
Loin du fourgon penché dans l'ornière profonde,
 Il suit ses chevaux dételés;
Et seul, dans cette horreur sinistre et dans ce vide,
 Le char qu'il n'a pu délivrer
Détache, sur le fond hideux d'un ciel livide,
 Deux bras qui semblent implorer!

Et moi, je suis pareil au char sans attelage
 Que fait gémir le vent du Nord;
Pareil au bateau vide échoué sur la plage
 Sans gouvernail et loin du port!
J'aimais, je caressais les chères utopies
 Par qui s'éclaire l'avenir;
Rien ne me préparait à ces haines impies
 Que Dieu souffle pour nous punir;
J'avais accumulé dans ma pauvre pensée
 Tout un trésor dont j'étais fier :
Aux livres j'avais pris la sagesse passée;
 Au bonheur, mes rêves d'hier!

J'étais né pour la paix et les heures sereines,
    Pour le lac à peine terni
Par le sillage bleu que tracent les carènes
    Sur son miroir toujours uni :
Et le destin me jette aux ondes courroucées,
    Pleines d'écueils mystérieux,
Sur les bords inconnus de mers bouleversées
    Par les coups de vent furieux ;
Et j'aperçois les flots, se frayant un passage,
    Envahir tout en un moment :
Et, devant nous, au lieu d'un riant paysage,
    La ruine et l'effondrement !

IV

Non, ne me dis plus rien ! Non, tu n'es pas sincère !
    Tu le sais bien : je ne peux pas
Retrouver le repos profond et nécessaire,
    Quand le canon parle là-bas ;
Je ne peux pas guérir mon âme endolorie
    Qui saigne de s'humilier :
Morts obscurs qui tombez au nom de la patrie,
    Je ne peux pas vous oublier !

Et toi, le peux-tu donc ? Sans ivresse et sans fièvre,
    Même un seul jour, as-tu vécu ?
N'as-tu pas, comme moi, dans le cœur, sur la lèvre,
    La rage folle du vaincu ?
Laissons couler le temps, laissons l'espoir renaître
    Dans le secret de nos oublis ;
Laissons l'herbe pousser et la fleur reparaître
    Sur tous nos morts ensevelis !
Nous secouerons plus tard ce poids que tu soulèves,
    Nous calmerons ce sang qui bout ;
Nous renouerons le fil rompu de tous nos rêves,
    Plus tard, — si nous sommes debout !

X

CHANSON DE MORT

Janvier 1871.

Mon père, où donc vas-tu ? — Je vais
Demander une arme et me battre !
— Non, père ! Autrefois, tu servais :
A notre tour les temps mauvais !
Nous sommes trois. — Nous serons quatre !

— Le jeune est mort : voici sa croix.
Retourne au logis, pauvre père !
La nuit vient, les matins sont froids.
Nous le vengerons, je l'espère !
Nous sommes deux. — Nous serons trois !

— Père, le sort nous est funeste,
Et ces combats sont hasardeux :
Un autre est mort. Mais, je l'atteste,
Tous serons vengés : car je reste!
Il suffit d'un. — Nous serons deux!

Mes trois fils sont là, sous la terre,
Sans avoir eu même un linceul.
A toi ce sacrifice austère,
Patrie! Et moi, vieux volontaire,
Pour les venger, je serai seul!

XI

HENRI REGNAULT [1]

Janvier 1871.

A GEORGES CLAIRIN [2].

Ils lui disaient : « Allons ! Viens ! Quittons cette place !
    Le clairon nous rallie en bas !
Contre ce mur d'airain que veux-tu que l'on fasse ?
    Ils sont trop forts : on ne peut pas !
La retraite a sonné : rentrons ! Sur cette pente,
    Assez de morts dorment ce soir.

---

1. Poésie récitée à la Comédie-Française, par M. Coquelin, le 27 janvier, le 3 et le 5 février 1871.
2. Peintre, ami de Henri Regnault et son compagnon d'armes au combat de Buzenval, le 19 janvier 1871.

La brume est plus épaisse, et la boue est sanglante :
   Nous avons fait notre devoir ! »
Mais lui, distrait et sombre, absorbé dans un rêve,
   A peine il entend ses amis.
« Partez! Laissez-moi seul, dit-il d'une voix brève ;
   Je reviendrai : je l'ai promis... »
Il sent bondir en lui le cœur de la patrie,
   Et dans ses veines le sang bout.
Résolu, sans bravade et sans forfanterie,
   Il veut demeurer jusqu'au bout.
La rage sourde emplit son âme généreuse ;
   Un vague éclair sort de ses yeux ;
Et, pressant son fusil d'une étreinte fiévreuse,
   Il s'écarte silencieux.

Lentement il gravit la pelouse, et farouche,
   Sondant la profondeur des bois,
Il saisit à regret sa dernière cartouche,
   Pour tirer encore une fois.
Ils l'appellent en vain : leurs voix jeunes et franches
   Se perdent le long du chemin ;
Les balles ont sifflé de nouveau dans les branches :
   Quelqu'un manquait le lendemain !
Quelqu'un ! Le plomb stupide et la mitraille infâme
   Pourraient faucher un siècle encor,

Avant de nous ravir deux fois une telle âme,
    Et deux fois un pareil trésor !
Qui que tu sois, posté derrière un tronc de chêne,
    Ou qu'un mur crenelé masquait,
Vainqueur obscur, qui tins une minute à peine
    Sa tête au bout de ton mousquet ;
Toi qui n'auras été qu'une inepte matière,
    Un aveugle instrument de mort,
Sans quoi l'éternité — sache-le — tout entière
    Serait trop peu pour ton remord ;
Maudis sois-tu, soldat, toi, ton peuple, et la guerre,
    Et ton vieux roi tout le premier,
Puisqu'il n'aura fallu qu'un paysan vulgaire,
    Fils de l'étable et du fumier,
Quelque bouvier pétri pour les œuvres serviles,
    Marchant sous la crosse et les coups,
Un balayeur peut-être échappé de nos villes,
    Encor puant de nos égouts,
Pour trouer au hasard, bêtement, cette face,
    Comme par un défi moqueur ;
Pour trancher dans sa sève abondante et vivace
    Tout ce génie et tout ce cœur ;
Étouffer à son aube une lueur si pure,
    Éteindre un tel rayonnement,
Que la France mourante en ressent la blessure
    Jusque dans cet écroulement !

Sais-tu ce que ton doigt, lâchant cette détente,
    A frappé dans l'ombre ? Sais-tu
Ce que ta main détruit de poésie ardente,
    D'intelligence et de vertu ?

Ah ! soyez donc de ceux que Dieu choisit lui-même,
    Et qu'il a marqués de son sceau ;
Que l'artiste charmé vous admire et vous aime ;
    Rendez fameux votre pinceau ;
Soyez plus qu'un espoir et plus qu'une promesse ;
    Ayez la force et la beauté,
Ayez toute la grâce et toute la jeunesse,
    Et tout l'avenir enchanté,
Pour qu'un soir il suffise à la brutale envie
    D'un goujat qui sait son métier,
De faire feu : du coup, il supprime une vie
    Qui va manquer au monde entier !
Pauvre enfant ! Il rêvait encor la délivrance ;
    Nos vœux brûlants étaient les siens ;
Et voilà pour adieu ce que te laisse, ô France,
    Le dernier plomb de ces Prussiens !

Oh ! qu'il fut triste et noir le jour des funérailles !
    Va, tu fais bien d'être endormi :
C'était l'heure où la faim désarmait nos murailles
    Et nous courbait sous l'ennemi !

Paris était venu, près de ta fiancée,
    Au grave et sombre rendez-vous :
Chaque regard cachait une morne pensée
    Faite de honte et de courroux.
Tous, les jeunes, les vieux, dans la foi, dans le doute,
    Nous méditions, le cœur navré ;
Et le *De profundis* qui montait vers la voûte
    Jamais n'avait ainsi pleuré ;
Car, en couvant des yeux cette bière drapée,
    Nous conduisions un autre deuil :
La patrie avec toi, du même coup frappée,
    Dormait aussi dans ton cercueil !

25 janvier.

XII

RENTREZ CHEZ VOUS

1er mars 1871.

A MON AMI EMM. DES ESSARTS.

Encor lutter? Mourir encore?
A quoi bon? Nous sommes vaincus!
Du pain même, il n'en reste plus :
Est-ce du pain, ce qu'on dévore?
Sauvons ces spectres amaigris;
Pâle faim, c'est toi qui l'emportes!
L'Allemand viendra dans Paris :
Rentrez chez vous, fermez vos portes!

Qu'à leurs yeux le spectacle offert
Prenne à la mort sa ressemblance!
Qu'ils chevauchent dans le désert

Et qu'ils visitent le silence!
Il faut subir le joug honteux,
Quand les épreuves sont trop fortes.
Faisons le vide devant eux :
Rentrez chez vous, fermez vos portes !

Malheureux! Si nous avions pu!...
Si nous avions voulu peut-être!...
Jadis... Mais le charme est rompu.
Pendez un crêpe à la fenêtre.
Qu'il soit effrayant, ce repos,
Pendant que glissent leurs cohortes!
Surtout cachons bien nos drapeaux.
Rentrez chez vous, fermez vos portes!

Ayant la force, ils ont le droit.
Ils voudraient, traversant nos places,
Lire la détresse et le froid
Dans nos regards et sur nos faces.
Déjà je les entends là-bas...
Pour nos âmes, un instant mortes,
Qu'un jour pareil ne compte pas!
Rentrons chez nous, fermons nos portes!

XIII

SAMSON

Février 1871.

A MON AMI SULLY-PRUDHOMME.

Tel qu'autrefois Samson, cher pays, te voilà
Les poings liés, le dos voûté, la tête rase.
Tu rugis désarmé sous le pied qui t'écrase,
Et la Prusse te raille, horrible Dalila !

Tes muscles sont sans force, et ta rage débile
Mord la corde enroulée à ton robuste flanc.
Strasbourg et Metz n'ont plus que des larmes de sang,
Comme deux yeux crevés sur ta face immobile.

Le fer a fait tomber, cruel et sans remords,
L'Alsace, ta puissante et blonde chevelure ;
Et, tandis que ton front se courbe sous l'injure,
Les Philistins ont dit : « Nous sommes les plus forts. »

Pour payer ta rançon, tourne ta meule et sue !
Réponds au rire épais par un gémissement !
Bois ta honte à longs traits, et nourris sourdement
Ta colère, à qui Dieu saura faire une issue.

Patience ! Ton cœur, d'où déborde l'affront,
Prépare sa vengeance et médite un exemple.
Dagon verra crouler les piliers de son temple ;
Patience, vaincu : tes cheveux pousseront !

XIV

LE CURE DE PLOUIZY

Décembre 1870.

Ah ! le brave curé de Plouïzy ! L'histoire
Lui doit bien, en passant, une aumône de gloire !
Et le poète aussi, fidèle à nos revers,
Voudrait couler son nom dans le bronze des vers !

C'était aux sombres jours de la France abaissée,
Quand des nœuds du Germain, ville à ville, enlacée,
Elle se débattait, farouche, avec stupeur,
Et qu'aux bas-fonds de l'âme allait germer la peur.
Au prône, dans sa chaire, il monta le dimanche,
Et, grave, lentement, d'une voix forte et franche,

Il lut à ses Bretons, soldats improvisés,
Le décret appelant tous les « mobilisés »
Pour les derniers combats et le grand sacrifice.
Tout entier, le village, assemblé pour l'office,
Aux lèvres du vieillard était là, suspendu.

« Hommes de Plouïzy, vous l'avez entendu?
Ce n'est pas aux Bretons qu'on dicte leur conduite.
N'attendez pas un jour! Il faut partir de suite!
Si, dimanche prochain, un seul homme, excepté
Ceux que retient leur âge ou leur infirmité,
Demeurait au pays, — pût-il même le faire, —
Je vous le jure ici, du haut de cette chaire,
Il en aura la honte, et, comme au pilori,
J'attacherai ce fils, ce frère ou ce mari!
Mais non; je vous connais, et n'ai point cette crainte :
Et vous partirez tous, sans regret et sans plainte;
Car vous avez appris par tous nos entretiens
Que l'austère devoir est doux à des chrétiens,
Que l'on n'hésite point quand la Patrie appelle,
Et que la mort, devant l'ennemi, devient belle!
Donc, vous allez partir, et vous n'attendrez pas.
Et, maintenant, prions pour ceux qui sont là-bas! »

Le dimanche suivant, sur les vieux bancs de chêne,
Des femmes, des enfants, quelques vieillards à peine

Prenaient place, au moment où parut le doyen.
Il parcourut des yeux l'église, et dit : « C'est bien ! »
Puis, sans un mot de plus, descendit de sa chaire.
Que sa mémoire, ô mes amis, vous reste chère !
Car il est des héros même loin du canon.

Ce curé s'appelait Richard : gardez son nom !

  Écrit en mars 1872.

XV

L'OBUS

Mai 1871.

A J....

Ouvrant la brèche avec fracas
A travers l'épaisse muraille,
L'obus de ces derniers combats
A semé sa noire mitraille.

Monstre féroce et sans pitié,
Qui frappe sans choisir sa proie,
Il a fendu par la moitié
Ce logis qui fut notre joie !

Il a déchiré sur leurs gonds
Les ferrures des larges portes,
Labouré planchers et plafonds,
Crevé les parois les plus fortes;

Plus cruel qu'au temps des Prussiens,
Il a confondu dans sa haine
Tous les meubles, nouveaux, anciens,
Thuya, palissandre ou vieux chêne;

Comme sous un toit foudroyé,
Il a, d'un choc épouvantable,
Percé, tordu, haché, broyé
Le bois, le fer, le lit, la table;

Il a découpé par lambeaux,
Dans le vert tissu du poème,
Vos personnages les plus beaux,
Chers Aubussons fanés que j'aime!

Ravageant ces heureux cantons,
La fonte, aux cruelles morsures,
Hélas! à vos pauvres moutons
A fait d'incurables blessures!

Elle a, d'un coup, pulvérisé
Un trésor de frêles merveilles,
Venise, ton verre irisé,
Japon, tes laques non pareilles;

De ses éclats, stupidement,
Elle a pilé nos étagères,
Et rompu l'entretien charmant
Des Céladons et des bergères;

Du nid d'amour il n'est resté
Qu'un monceau d'informes épaves,
Affreux chaos, champ dévasté
Qui donne à rêver aux plus braves!

Ah! nous pouvons pleurer tous deux,
Dans la douleur universelle,
En foulant ces débris hideux
Qu'une rage aveugle amoncelle!

Les objets ont aussi leur deuil :
Il est cent choses familières
Dont l'aspect connu pour notre œil
Est plein de grâces singulières!

Ta main soulevait ce rideau,
Pour sourire au songeur morose;
Tu versais quelques gouttes d'eau
Dans ce vase où s'ouvrait la rose;

Ce miroir fut un confident;
Ce cristal est une relique :
On leur accorde, en les perdant,
Un long regard mélancolique!

Parmi tout ce fouillis confus
Que le cœur seul peut reconnaître,
On cherche un passé qui n'est plus;
On dit : « Le verrons-nous renaître? »

Eh bien, que le ciel soit béni!
Il faut dompter cette faiblesse :
Aux oiseaux qu'importe le nid!
Qu'importe à l'âme ce qu'on laisse!

Nous avions pour ces vanités
Une tendresse trop frivole;
Nous aimions trop, enfants gâtés,
Ce qui brille et ce qui s'envole!

Va! Les mortiers et les canons
Ont leur langue qu'il faut comprendre.
Revenons, cher cœur, revenons
Aux biens qu'ils ne sauraient nous prendre!

En vain la machine de mort
A vomi ses engins funestes,
Elle a raison, nous avions tort :
Car je suis là, car tu me restes :

Nous nous retrouvons aujourd'hui,
Quelque foyer que soit le nôtre,
Toi mon soutien, moi ton appui,
Tous deux ensemble, et l'un pour l'autre!

XVI

LES ABSENTS [1]

Août 1871.

Si vous les connaissez encore,
Tous ces absents, je n'en sais rien !
Ceux qui s'en vont, — je le crains bien,
L'ombre les couvre : on les ignore !
La mémoire est faite d'oublis,
Et les souvenirs affaiblis
Sont comme un trajet de navire,
Sous les flots si vite effacé

---

1. Mademoiselle Delaporte, excellente comédienne, avait apporté de Russie les offrandes de la colonie française de Saint-Pétersbourg. Ces vers furent récités par elle au grand Festival donné, sous le patronage de madame Thiers, au bénéfice des victimes de la guerre, le 6 août 1871.

Que nul regard ne saurait dire
Par où le sillage a passé!
Mais les voyageurs se souviennent,
Et des nœuds puissants les retiennent
Au doux pays qu'ils ont quitté.
Au loin, de l'invisible rive
Chaque bruit sourd qui leur arrive
Est avidement écouté;
Et si ce bruit, dont on tressaille,
C'est le canon de la bataille,
Même au foyer de l'étranger
Qui pour vous élargit la place,
On sent un frisson qui vous glace,
Et l'on voudrait tout partager,
L'honneur, la honte, et le danger!

Dans vos heures désespérées,
Songiez-vous, en luttant ici,
O pauvres âmes torturées,
Que vos absents souffraient aussi?
C'est leur offrande que j'apporte :
Et je voudrais ma voix plus forte,
Et mon geste plus douloureux,
Et ma plainte plus enflammée,
Pour te dire, ô ma mère aimée,

Quand mouraient tes fils généreux,
Combien de pleurs versés sur eux!
Ah! comme la France était fière,
Au jour où pour nous la frontière
A l'horizon disparaissait!
Sa renommée encore entière
Dans son passé resplendissait!
Comme on la croyait forte et saine!
Qui nous eût dit que des uhlans
Les coursiers bientôt, dans la Seine,
Plongeraient leurs naseaux brûlants;
Que, par d'étranges représailles,
On entendrait, ô vieux Versailles,
A nos désastres inouïs
Frémir l'écho du Jeu de paume;
Et sur les marbres de Louis
Sonner l'éperon de Guillaume!

Ces feuilles, qui portent au loin
Les cent bruits confus de la guerre,
Hélas! si superbes naguère,
Nous les maudissions sans témoin!
Je m'abîmais, longtemps rêveuse,
Sur les récits de ces combats,
Qu'avait froissés ma main nerveuse :
J'essayais de n'y croire pas!

Si loin de la terre natale,
Attendre! Attendre, sans savoir
La fin de la lutte fatale!
Se dire, en s'endormant, le soir,
Dans un sommeil plein de fantômes,
Durant des nuits qui sont des mois :
« Que font nos soldats dans les bois,
Et nos paysans sous les chaumes?
Que font nos tristes prisonniers?
Que font tant d'amis et de frères?
Les champs, là-bas, sont des charniers
Tout semés de croix funéraires!

« On a pourtant bien combattu
Pour mériter la délivrance!
O ma France! Ma pauvre France!
Oh! réponds-moi, que deviens-tu?

« Vivre ainsi, non, ce n'est pas vivre!
Mais parlez donc!... On la délivre?...
— Non, pas encore... — Ah! cette fois,
La chute serait trop profonde!
L'Europe a pris sa grande voix
Pour rendre l'équilibre au monde?...

— Non! l'Europe attendra la fin.
— Mais Paris meurt, Paris a faim,
Paris sent, ainsi qu'une serre,
S'enfoncer autour de son cou
L'ongle du terrible adversaire
Qui sur son corps tient le genou!
Paris va, d'un effort suprême,
Se redresser sur son cercueil,
Et, tout sanglant, et déjà blême,
Renverser l'ennemi du seuil!
— Non! — Mais tu gardes ton courage,
Après tant de rudes assauts,
France! On doit redouter ta rage?
Si ton épée est en morceaux,
Tu peux encore en faire usage?
Tous, citadins et campagnards,
Ils sauront, de leur main crispée,
Saisir, comme autant de poignards,
Les tronçons de ta vieille épée?
— Non!... Car le flot va grossissant;
Le flot sanglant, de plaine en plaine,
Monte toujours, engloutissant
Devant lui la moisson humaine.
Inexorables bulletins!
Pour celle qu'on crut invincible,
Quoi! Pas un retour des destins?...
Non?... Toujours non?... C'est impossible!

J'ai compris combien je t'aimais !
Nul de vous ne saura jamais
Ici, de quelle pointe aiguë
Au loin les cœurs sont traversés,
Quand on vous dit, les yeux baissés :
« Vous savez ?... La France est vaincue ! »

Donnez-moi mes robes de deuil !
Un voile noir ! Un voile sombre !
A nos hôtes fermez ce seuil :
Il faut se confiner dans l'ombre !
O douleurs feintes, taisez-vous !
Quand mon pays sous de tels coups
Tombe, et laisse échapper ses armes,
A lui seul mon culte sacré !
J'ai bien souvent versé des larmes,
Mais jamais je n'ai tant pleuré.

Chère patrie au cœur blessée,
Comme on voudrait par la pensée
Accourir, impuissant soutien ;
Baiser ton front, quand tout s'écroule ;
Homme, mêler son sang au tien,
Femme, laver ton sang qui coule !

Ah! partons! Je veux la revoir!
Elle souffre : je veux moi-même
Auprès d'elle humblement m'asseoir,
Comme au chevet de ceux qu'on aime.
J'ai tout quitté pour le départ;
J'ai franchi les monts et les fleuves,
Et de ses mortelles épreuves
Mon cœur aussi voulait sa part!
Pour toucher la terre sacrée,
Dieu! qu'il paraît long, le chemin!
Comme la vue est attirée
Par delà l'horizon germain!
Comme on aspire au lendemain,
Sur ces plaines que l'œil dévore!
« France! France! Enfin, te voilà!
Salut, Rhin, que le soleil dore!... »
Soudain, mon regard se voila,
Quand on me dit : « Non, pas encore! »
Pourtant, je répétais son nom,
Plus bas, avec quelle souffrance!
« Ah! cette fois, c'est elle! — Non! »
Et cependant, c'était la France!

Salut enfin, salut, Paris!
Au flanc de toutes tes collines.

J'ai vu les funèbres débris,
J'ai vu la cendre et les ruines.
J'ai vu, dans la sombre cité,
Après tant de stérile peine,
L'effroyable complicité
Du désespoir et de la haine.
La France, lambeau par lambeau,
Tombait vaincue, — et criminelle :
Je l'ai vue au bord du tombeau,
Et j'ai cru mourir avec elle!

Aujourd'hui, l'on peut repartir :
La guérison nous paraît sûre ;
Dieu même semble consentir
A cicatriser la blessure!
A nos absents qui sont là-bas,
Et dont l'âme vibre à distance,
J'irai reparler d'espérance ;
Je leur dirai : « Ne pleurez pas! »
Oui, la France a quitté la couche
Où son sang coulait sans tarir,
Où son regard fixe et farouche
Disait tout ce qu'on peut souffrir ;
Elle a, faible encor de sa fièvre,
Essuyé sur sa pâle lèvre

La honte mêlée au dégoût ;
Elle a, des yeux, cherché son glaive ;
Elle sourit, elle se lève,
Elle est levée : — elle est debout !

XVII

DÉLIVRANCE![1]

Février 1872.

I

C'est bien toi ! J'ai revu, Marseille,
Au loin, dans la brume vermeille,
L'aile blanche de tes voiliers !
J'ai vu les vaisseaux des deux mondes
Vider leurs carènes profondes
Sur tes grands quais hospitaliers !

---

1. Poésie récitée le 26 février 1873, par mademoiselle Favart, dans une représentation au profit de la libération du territoire, sur la scène du Grand-Théâtre de Marseille, où elle s'était fait applaudir avant la guerre.

C'est toi! Salut, sœur glorieuse,
Ruche immense et laborieuse
Qui bourdonnes sous ton ciel bleu!
Je savais bien, quoi qu'il arrive,
Qu'après avoir foulé ta rive,
Il n'est point d'éternel adieu!

O ville d'azur et de flamme,
Tous mes souvenirs dans mon âme
S'éveillent, quand je te revois;
Et la musique sans pareille
De tes bravos à mon oreille
Sonne aussi douce qu'autrefois!

Mais ce n'est plus l'heureux voyage
Où rien n'attristait le visage,
Sinon l'ennui de te quitter :
Dans ses brusques métamorphoses,
La France a vu de telles choses,
Que la mémoire en peut douter!

Ton ciel est pur, le nôtre est sombre :
Je viens du Nord, je viens de l'ombre,
Le cœur plein d'une ardente foi!

Je n'ai qu'un seul nom : « Délivrance ! »
Ce deuil est celui de la France,
Et je viens pleurer avec toi !

Car la Lorraine et la Champagne
Traînent un boulet, comme au bagne ;
Car l'étranger que je nourris
Triomphe encore de nos haines,
Quand on devrait briser les chaînes
Qui pendent à mes pieds meurtris !

Toi qui n'as pas vu la bataille,
Ni l'ennemi qui coupe et taille,
A pleine étoffe, notre chair,
Tu ne peux pas sonder le gouffre ;
Tu ne sais pas ce que l'on souffre
Quand l'air qu'il respire est notre air !

II

Songe que des vieillards, baissant leurs fronts serviles,
S'éteignent tous les jours avec ce deuil au cœur,
Et qu'il naît tous les jours des enfants, dans nos villes,
Dont le premier regard rencontre le vainqueur !

Tous ceux qui sont là-bas, songe qu'ils sont tes frères,
Songe que l'étranger n'étreint pas à demi,
Et que les toits aimés sont des lits funéraires,
Lorsqu'il y faut dormir près de son ennemi !

C'est lui ! C'est toujours lui ! Soldats, barons et princes
Escomptent cet impôt que nous leur marchandons !
Un crêpe noir fait ombre à trois de nos provinces,
Et leur dernière armée a dit : « Nous attendons ! »

III

O joie ! Une fière pensée,
Rayonnante, s'est élancée
A travers le ciel obscurci !
Elle a chassé nos somnolences,
Et, comme au temps des ambulances,
Les femmes ont dit : « Nous voici !

» C'est notre rôle et notre gloire !
Aux pires jours de notre histoire,
C'est à nous de paraître encor !

Femmes de France, bons génies,
Il nous est doux d'être bénies.
C'est nous qui trouverons de l'or ! »

Comme une éclatante traînée,
Jusqu'à la Méditerranée
A retenti l'appel divin ;
Partout, sublime mendiante,
La femme, grave et patiente,
Pour la patrie étend la main !

La France a péri par l'épée ;
C'est son orgueil qui l'a trompée :
Il était temps que l'on prêchât,
Pour relever tout l'édifice,
L'humilité du sacrifice
Et la sainteté du rachat !

IV

France, tu peux donner un beau spectacle au monde,
Redorer d'un éclat plus pur tes écussons,

Et faire dire à ceux que ta chute profonde
Étonnait : « Cette fois, nous la reconnaissons ! »

Non, ce n'est plus du sang que ton honneur demande :
C'est le travail d'un jour, d'un mois, de plus encor !
C'est ta sueur qui doit devenir ton offrande ;
Et l'on a proclamé la croisade de l'or !

Malheur aux nations molles et résignées
Qui, sourdes au Destin d'où leur vient la leçon,
Cheminant sous le joug sans en être indignées,
Ne savent pas trouver le prix de leur rançon !

V

Concorde, sois notre devise !
Palais, taudis, théâtre, église,
Que tout soit quêtes et sermons !
Que, dans cet élan nécessaire
Où nul ne connaît d'adversaire,
Tout dise : « O France, nous t'aimons ! »

Soldats, sanctifiez vos armes!
Veuves, sanctifiez vos larmes,
Et donnez au nom des tombeaux!
Heureux, sanctifiez la joie!
Moins de velours et moins de soie,
Quand la patrie est en lambeaux!

Que le champ donne son brin d'herbe,
Que le sillon donne sa gerbe,
Que l'outil donne son labeur,
Que le pinceau donne son œuvre,
Que la machine qu'on manœuvre
Donne sa force et sa vapeur!

Donne, enfant, ton jouet frivole!
Donne tes bijoux, vierge folle!
Vieillard, donne-nous ton vin pur.
Donne, écrivain, ta renommée!
Rêveur, donne-nous la fumée
Qui monte en spirales d'azur!

De l'or! De l'or! Sans paix ni trêve,
Qu'un même cri partout s'élève,
Du citadin au paysan!

« Nous voulons respirer à l'aise,
Secouer le poids qui nous pèse :
Tenez! Prenez! Allez-vous-en! »

Nul sacrifice expiatoire
N'aura lavé dans notre histoire
Plus de fautes et de revers ;
Jamais offrande plus sacrée
Sur la France régénérée
N'aura fait pleurer l'univers!

VI

O départ souhaité dont l'espoir seul soulage!
Oh! quel air plus léger gonflera nos poumons,
Quels cris émus, poussés de village en village,
Iront se répétant des plaines jusqu'aux monts ;

Comme on verra les fronts rembrunis et sévères
Se dérider, les mains presser les mains, les yeux
Pleurer de joie, et puis s'entre-choquer les verres
Remplis d'un vin sauvé qui n'est pas le moins vieux :

Quand nos champs seront purs de la honte présente ;
Quand, libre, l'habitant rouvrira sa maison,
Tandis qu'au bruit mourant d'une marche pesante,
Un dernier casque aura dépassé l'horizon !

Enfin !... — Et c'est alors que tu pourras, ô France,
Les yeux sur l'avenir, marcher et te mouvoir ;
Avec ta liberté reprendre l'espérance ;
Travailler à la tâche immense du devoir ;

Chasser, comme au sortir d'un effroyable rêve,
Les fantômes sanglants qui peuplaient ton sommeil,
Et, puisant dans ton sol une nouvelle sève,
Chêne en vain foudroyé, reverdir au soleil !

XVIII

PARTIS!

1873.

Ils sont partis. La dette effroyable est soldée.
O vous qui, les derniers, avez subi leur loi,
Ne vous dégradez point : votre rage fondée
Saura se réserver pour un meilleur emploi.

« Partis! » ce cri suffit à toute âme française.
Vous pouvez le pousser à la face de Dieu,
Et n'avez pas besoin, pour respirer à l'aise,
D'en commenter le sens dans un brutal adieu!

Toute ivresse irait mal à cette délivrance.
Vos chants seraient cruels, et vous devez songer
Qu'ils pourraient les entendre, à deux pas de la France,
Ceux qui ne peuvent plus, hélas! les partager!

Oh! ne permettez rien qui ne soit digne d'elle ;
De vos émotions elle a sa large part,
Mais non pour se donner, dans sa douleur fidèle,
Le stérile plaisir d'insulter au départ.

Il faut un bonheur grave après l'épreuve austère :
L'oubli serait honteux, l'orgueil serait suspect.
Parlez un tel langage, en baisant cette terre,
Que le vainqueur lui-même en garde du respect.

Joie ou deuil, notre cœur doit contraindre ses haines
Après ces grands revers, il reste un autre soin.
Silence ! — Ni chansons, ni paroles hautaines :
Car hier est trop près, — et demain est trop loin!

XIX

LE DERNIER DÉLAI [1]

A MADAME MARIE LAURENT.

Les délais sont passés : voici le dernier jour !
Le livre des adieux se ferme sans retour.
Sur la feuille d'exil que le vainqueur va clore
L'âme des indécis s'attarde et rêve encore ;
Et ceux qui sont restés auront pu, jusqu'au soir,
A l'heure qui s'enfuit disputer leur devoir.
Hâtez-vous ! La valise attend, — ou la besace !

Dans un humble logis d'un village d'Alsace,
Morne, le front penché sur la couche, et pleurant,

---

[1]. Il s'agit du délai accordé aux Alsaciens-Lorrains pour opter entre la France et la Prusse. Ces vers ont été dits pour la première fois par M. Coquelin, de la Comédie-Française, le 25 décembre 1873, à la fête de l'arbre de Noël de l'Association d'Alsace-Lorraine. Madame Marie Laurent les a rendus populaires.

LE DERNIER DÉLAI. 357

Une femme est assise au chevet d'un mourant.
Le mari, dévoré par une lente fièvre,
Voudrait parler; elle est suspendue à sa lèvre,
Et suit avec effroi, la main pressant la main,
Les battements du cœur qui cesseront demain.

Pauvre homme! Son histoire est simple : il fallait vivre.
Émigrer, quand le pain coûte cinq sous la livre,
Et que la femme est grosse, et qu'on est sans métier!
Car que peut faire ailleurs un garde forestier?
Puis, on aime ces bois qu'on arpente à toute heure,
Où l'arbre est un ami, la hutte une demeure.
On plonge au tiroir vide un coup d'œil attristé;
On voit le vieux fusil qui repose à côté :
On reste! — Après la paix, n'a-t-on pas une année?
Mais un soir de septembre, ayant fait sa tournée,
Un frisson le saisit. Il gagna la maison,
Prit le lit : or, le mal était sans guérison.
Il avait oublié qu'il ne faut pas attendre,
Et que la mort se plaît toujours à nous surprendre,
Sans laisser à ceux-ci l'heure du repentir,
A ceux-là le délai qui permet de partir!

Il ouvre deux grands yeux, s'agite, se soulève,
Comme s'il eût voulu chasser quelque affreux rêve.

Il fixe sur sa femme un regard douloureux
Dont le rapide échange a des secrets pour eux,
Et, d'un suprême effort, il s'explique à voix basse :

« Tu vois, femme, j'ai trop ajourné : le temps passe!
Dieu me pardonne-t-il de n'avoir pas opté?
J'ai péché par faiblesse, et non par lâcheté.
Toi, ne perds pas un jour après mes funérailles :
Car je veux que l'enfant, libre dans tes entrailles,
Naisse au pays français, loin des yeux ennemis!
Songe bien que j'y compte, et que tu l'as promis.
Tu peux seule apaiser le remords que j'emporte;
Je n'ai pas accompli mon devoir : sois plus forte! »

O noble femme! Elle est, depuis l'aube, en chemin;
Pâle, pressant le pas, un paquet dans la main,
Elle va devant elle, énergique et souffrante;
Quoi qu'elle puisse voir, à tout indifférente,
L'esprit, de loin, tourné vers un but inconnu!

Ni la pente escarpée au flanc du granit nu,
Ni le soleil dardant sur chaque grain de pierre
Un rayon dont la flamme aveugle la paupière,

Ni les ravins qu'il faut franchir, ni les sentiers
Qu'à peine braveraient les gardes forestiers,
Ni le pâtis glissant, ni le roc, ni la ronce,
Ni l'horreur des grands pins où la route s'enfonce,
Ni le sol incertain des bois marécageux,
Ni le terme fuyant, ni le soir orageux,
Rien ne l'arrête ! Elle a son espoir et sa tâche ;
Elle sent qu'il est temps ; elle va sans relâche,
Tremblante d'être vue. Elle a soif, elle a faim :
Partout la solitude et les Vosges sans fin !

Parfois, avec l'enfant qui palpite et veut naître
Elle cause : « Non, non ! ne viens pas, mon doux être,
Attends ! Prends patience encore, ô mon amour !
J'ai juré sur la tombe, et n'ai pleuré qu'un jour ! »

Au sortir des forêts est un premier village.
Deux bûcherons, guidant un rustique attelage,
Suivaient un chemin creux. Elle, timidement :
« Mes amis, est-ce encore un village allemand ?...
— Oui, dit un des vieillards, d'une voix sourde et triste.
Vous paraissez souffrir : que le ciel vous assiste !
— Et la France, est-ce loin ?... — Il vous faut bien marcher
Trois heures pour le moins ; le mieux est de coucher,

Cette nuit, au hameau ; l'auberge est un bon gîte ;
Nous y passons... »
    Mais elle, aux premiers mots, les quitte,
Et, d'un pas plus rapide, elle part en avant.
Le crépuscule est terne et livide ; le vent
Soulève la poussière et présage la pluie ;
Elle sent son fardeau qui lui pèse ; elle essuie,
De ses doigts enfiévrés, l'eau qui perle à son front.
Ah ! l'on vous redira, dans les temps qui viendront,
Héroïques récits de ces obscurs courages,
Et comment la patrie à ses lointains mirages,
Sous le regard jaloux des reîtres triomphants,
Par delà la frontière attirait ses enfants !

Trois heures ! Longue étape ! Y peut-elle suffire ?
L'orage est déchaîné ; le chemin devient pire ;
Elle gravit la côte immense, et la descend.
Une bourgade encore est sur l'autre versant :
Elle y va, haletant, pas à pas, jusqu'au faîte.
Mais la ligne des bois, où son regard s'arrête,
De ses brumeux remparts cerne tout l'horizon !
Cette fois, elle tombe enfin sur le gazon,
A bout de force, en pleurs, sombre et découragée.
Aux paysans distraits qui l'ont interrogée,
Elle ne dit qu'un mot : « La France ?... Est-ce bien loin ? »

— « Par la traverse, une heure... » Elle ne reste point
Assise ; elle reprend sa course, et, résolue,
Comme une bête fauve, elle échappe à leur vue.
Dès qu'elle voit dans l'ombre un passant, elle y court :
« Pour arriver en France, est-ce là le plus court ?.. »
Elle écoute, et repart. Et, tandis qu'on s'étonne,
Elle n'a qu'un refrain farouche et monotone :
« La frontière ?... »
                Là-bas enfin, près du coteau,
Des masures, un pont, une borne, un poteau :
C'est la France ! Vas-tu mourir, ô digne femme ?
Est-ce un effort stérile ? « Allons, ferme, mon âme,
C'est le terme ! » dit-elle. Elle se traîne encor ;
Elle a passé la borne, elle a touché le port ;
Une maison est proche : elle frappe à la porte,
Et tombe, inerte et froide. On s'empresse, on l'emporte,
On la sauve. Elle reste ainsi jusqu'au matin.
Et, comme elle entr'ouvrait ses yeux voilés, soudain
Un faible cri d'enfant arrive à son oreille.
Elle écoute, et tressaille, et revit, et s'éveille !
Une voix dit : « Un fils ! »
                        — « O Dieu, tu m'exauçais :
Sois loué ! C'est un fils ! dit-elle. Il est Français ! »

XX

VILLÉGIATURE

1878.

L'été s'achève : allons ! En route !
C'est le bon temps pour voyager.
L'esprit, aux champs, a moins de doute ;
Aux champs, le cœur est plus léger !
Que de fois, coteaux de la Loire,
Vers vous mon rêve s'envola !
Mais j'ai donc perdu la mémoire ?...
Les Prussiens ont passé par là !

J'étais venu, de site en site,
Chercher les souvenirs heureux ;

VILLÉGIATURE.

Dans ce grand calme tout m'irrite,
Chaque brin d'herbe est douloureux :
Pourtant la nature est la même ;
Mais jamais rien ne la troubla !
C'est moi qui pleure ce que j'aime !
Les Prussiens ont chevauché là !

Qu'il me plaisait, ce gai village,
Et son rideau de peupliers
Dont les vieillards ignoraient l'âge,
Et ses chaumes hospitaliers !
Pour m'y fêter la vieille hôtesse
Eût mis la nappe de gala !
Son vin redouble ma tristesse ;
Les Prussiens se sont grisés là !

Au-dessus des fermes rustiques
J'aperçois, montant dans l'azur,
L'église aux contreforts gothiques
Dont l'obus a troué le mur !
J'arpentais joyeux cette gare :
Prise d'assaut, on la brûla ;
L'officier fumait son cigare :
Les Prussiens ont fusillé là !

Mornes chemins ! Navrant voyage
A travers prés, vignes et bois !
Oh ! le ravissant paysage
Qui me transportait autrefois !
Pourquoi donc cette différence ?
C'est qu'ici notre sang coula :
Baisse les yeux, ma pauvre France !
Les Prussiens nous ont vaincus là !

Sur ces plaines que je traverse,
Vous tous qu'a frappés l'Allemand,
Laboureurs ramenant la herse,
Vignerons nouant le sarment,
Dans le sillon, dans la demeure,
Au sol où leur canon roula,
Murmurez, en attendant l'heure,
Les Prussiens ont passé par là !

XXI

A NOS HOTES [1]

— REMERCIEMENT —

O vous qui remplissez, multitude féconde,
Ces gradins où Paris a fait asseoir le monde,
Amis anciens, amis nouveaux et passagers,
Mais que je ne peux pas appeler étrangers,
Il faudrait pour ce jour des paroles plus hautes !
Je vous dis simplement : « Salut ! Merci, nos hôtes ! »
Dans les folles splendeurs de la grande cité,
Dans le bruit qui se mêle à cette immensité,

---

[1]. Poésie récitée par M. Coquelin, le 25 septembre 1878, pendant l'Exposition universelle, à la grande fête au profit de l'Association des Artistes dramatiques, fondée et présidée par le baron Taylor. (Salle du Trocadéro.)

Quand Paris souriant, rajeuni, magnifique,
Multiplie aux regards sa fête pacifique,
Et dressant vers le ciel ces portiques ouverts,
Se fait des promenoirs d'où l'on voit l'univers,
Nous pouvions redouter peut-être cette épreuve!
Songer à l'orphelin, au vieillard, à la veuve,
En avait-on le temps? Dès l'appel entendu,
Votre voix à la nôtre a vite répondu!
La Charité parlait : sa langue est vraiment celle
Qu'on ne traduit jamais, — la langue universelle!
Quand les peuples unis s'assemblent sous nos yeux,
C'est encor sur son nom qu'ils s'accordent le mieux!
A plus d'un, parmi vous, l'œuvre était inconnue :
Vous avez largement payé la bienvenue,
Et, dans ce Palais fait pour les âges futurs,
Élargi votre offrande à l'ampleur de ses murs!
Merci donc! Et sachez, en venant à nos fêtes,
Les maux que vous pansez et le bien que vous faites.

Quand le théâtre, heureux loisir des nations,
Chaque soir vous convie à ses émotions,
Quand tout, sourire et pleurs, chants, décors et lumière,
Vaillante poésie ou prose familière,
Gaîté qui s'illumine ou passion qui bout,
Puissance, grâce, esprit, beauté, — beauté surtout! —

Vous attire, et qu'assis dans la salle éclatante,
Le rire aux yeux ou bien la gorge haletante,
Parmi ces visions et ces enchantements
Vous jetez, sans compter, vos applaudissements,
Vous pouvez oublier — bien fou qui s'en étonne ! —
De nos labeurs cachés le souci monotone :
Qu'importe aux libres bras quel poids a le fardeau !
L'artiste n'est plus homme au lever du rideau !
Pourvu que le talent fasse honneur à la Muse,
Pourvu qu'on vous ait plu, pourvu qu'on vous amuse,
Pareils aux spectateurs dans le cirque romain,
Vous ne demandez pas ce que sera demain !

Demain, pour qui n'a pas la fortune prospère,
C'est l'artiste lassé, vieilli, qui désespère ;
Demain, c'est l'esprit morne et le corps affaibli ;
C'est l'âge pour les uns, pour les autres l'oubli ;
Après l'illusion qui vit imprévoyante,
C'est la lutte, et parfois la misère poignante !
Car ces jeux du théâtre, où tout est fiction,
De la réalité troublent la notion ;
Et, dans ce chemin rude où plus d'un s'aventure,
S'éveiller de son rêve est la pire torture !
Combien n'ont pas frappé vos yeux indifférents,
Nos égaux par le cœur, inégaux dans nos rangs !

Combien ne sortent pas de l'ombre où l'on travaille !
Oui, nos scènes aussi sont des champs de bataille ;
Et pour vous préparer ces glorieux vainqueurs
Dont la voix et le geste ont accès dans vos cœurs,
Il faut des bataillons d'incessantes recrues,
Jonchant obscurément les routes parcourues !
Tandis que vous goûtez des plaisirs sans remords,
Nous avons nos blessés, nos mutilés, nos morts.
Nous relevons les uns, nous saluons les autres.
Nous avons nos enfants, nos protégés, — les vôtres
Aujourd'hui,—nos vieillards surtout, les plus nombreux !
Ils s'épuisaient pour vous qui nous donnez pour eux ;
Et vous ne voulez pas qu'un jour on puisse dire :
« Ils ont laissé pleurer ceux qui les ont fait rire ! »

D'ailleurs, nous ignorons l'aumône et ses affronts.
Notre appui fraternel ne courbe pas les fronts ;
Le plus humble, le plus meurtri se considère
Comme de la famille, et la sait solidaire.
Le devoir est pour tous : dans le trésor commun
Chacun verse une part qui retourne à chacun.

Notre œuvre, la voilà ! — Notre œuvre, non : mais celle
De ce cœur toujours chaud d'où jaillit l'étincelle !

Un seul homme a tout fait; seul, il a tout rêvé,
Tout créé, tout conduit, tout prévu, tout sauvé;
Et, pour qu'un siècle entier l'admire et le vénère,
La vie a déplacé sa limite ordinaire [1].
A ces insouciants, de fantaisie épris,
De l'épargne prudente il a montré le prix;
Et, sous l'arbre touffu qu'il planta faible arbuste,
Tandis que Dieu bénit sa vieillesse robuste,
Il peut voir, fièrement et sans s'inquiéter,
Des générations d'artistes s'abriter!

1. Le baron Taylor venait d'atteindre sa 89e année.

XXII

ANNIVERSAIRE [1]

I

La France, s'éveillant ce matin, entendit
Une voix pénétrante et claire qui lui dit :

« France, réjouis-toi : tu le peux, cette année !
Le sort est conjuré, l'épreuve est terminée.
Après la guerre, après la honte, après la nuit,
Ta lumière rayonne et ton aube reluit.

---

1. Vers récités, pendant l'Exposition universelle, par madame Favart, à la Fête de l'Arbre de Noël des Alsaciens-Lorrains, le 25 décembre 1878. On sait qu'un sapin transplanté d'Alsace avec sa terre et ses racines s'élevait dans la salle du Trocadéro.

Dépouille, il en est temps, la robe douloureuse !
Assez de deuil ! Sois fière aujourd'hui, sois heureuse :
Car jamais l'étranger, dans sa froide raison,
N'aurait imaginé plus prompte guérison,
Ni prévu, te jugeant débile et résignée,
Une vigueur pareille, après cette saignée !
Poursuis ta destinée en pleine liberté.
Ordre, travail, honneur, richesse, dignité,
Tous ces biens qu'on t'avait ravis, tu les retrouves ;
Tu dis : « Je suis la France encore ! » et tu le prouves ;
Et l'ombre qui voilait ton front fuit loin de toi.
Les peuples étonnés, — ceux dont tu fus l'effroi,
Ceux dont tu fus l'appui, ceux dont tu fus l'envie, —
A te voir d'un tel pas remonter à la vie,
Reconnaissant ta sève et ton sang généreux,
Sentent confusément que tu grandis pour eux.
Tu n'as plus à lutter, tu n'as plus à proscrire :
Souris ! Tout l'univers te sait gré de sourire ! »

II

Et la France à la voix répondit : « Je ne puis !
Je sais ce que j'ai fait ; je sens ce que je suis ;

Je doutais de moi-même et ployais sous l'outrage!
Oui, je me suis levée et j'ai repris courage;
Oui, j'ai fait travailler mon corps et mon cerveau;
Aux bords que j'arrosais j'ai repris mon niveau;
Et, provoquant les bras à la lutte féconde,
Au banquet de la paix j'ai convié le monde.
Les sillons sont partout rouverts, et nous semons!
L'air libre des sommets dilate mes poumons :
Car la Liberté, calme et pure, est une cime!
Oui, j'ai vaincu la haine et j'ai forcé l'estime.
Mais, pour sourire ici, j'ai trop pleuré là-bas;
Et, quant à dépouiller mon deuil, — n'y comptez pas!
Une part de ma chair dans la tombe est scellée :
L'Alsace ne veut pas que je sois consolée;
La Lorraine me dit : « Ma mère, pense à nous! »
Oui, j'ai des fils vaillants et forts, graves et doux,
Qui, prodiguant l'amour à ma tendresse avide,
Se serrent au foyer pour y masquer un vide!
Mais il est des regrets que nul baiser n'endort :
O mes amis vivants, je songe à l'enfant mort!
Quelle femme au tombeau de son fils s'accoutume?
Toute mère l'a dit, ce mot plein d'amertume,
Au plus profond du cœur vainement comprimé :
« Celui que j'ai perdu, c'était le plus aimé! »

III

Va, France, tu fais bien de nourrir ta tristesse :
Non pas pour stimuler la Muse prophétesse,
Ni prématurément concevoir et nourrir
Des chants provocateurs qui bravent l'avenir !
Nous avons trop payé la menace vulgaire :
La paix a des secrets plus profonds que la guerre.
Mais tu fais bien d'avoir au cœur, fidèlement,
La blessure vivace et son déchirement ;
D'en aimer la souffrance, et, d'année en année,
De raviver en toi ta douleur obstinée !
Oh ! faites-le souvent, pauvres cœurs éprouvés,
Le voyage sacré du souvenir ! Rêvez !
Le rêve est toujours libre, et, devant une larme,
Même aux pays vaincus, la victoire désarme !
On n'a pas eu l'idée encore de punir
Le crime de pleurer et de se souvenir.
Vivez avec vos morts, vos absents, vos reliques !
Poètes, murmurez des chants mélancoliques !
Surtout ne dites pas, — ce serait tenter Dieu ! —
Ne dites pas : « Adieu, Lorraine ! Alsace, adieu ! »
Cette terre qui parle et qui vous réconforte,
Vous ne la foulez plus là-bas : on vous l'apporte !

Et comme, au bois voisin de l'enclos paternel,
Vous ne pouvez parer l'arbre aimé de Noël,
C'est l'arbre qui s'exile, et c'est lui qui voyage :
On vous partage ici, brin par brin, son feuillage ;
Et la branche, au foyer morne où nous la fixons,
De la forêt natale a gardé les frissons !

IV

Enfants, pour vous surtout cette journée est sainte :
Car un enseignement monte de cette enceinte.
Vous étiez — de là-bas quand vous êtes partis —
Les uns à peine nés, les autres tout petits ;
Plus d'un même, en ces temps de police sommaire,
A pris sa part d'exil dans le sein de sa mère !
On vous apprend ici la Patrie : on vous dit
Comment décline un peuple, et comment il grandit ;
Comment, sans repousser le rêve humanitaire,
Il faut être un pays, une race, une terre,
Une âme, un souvenir, un héritage, un droit !
Et que, si pour l'amour ce globe est trop étroit,
L'honneur et le devoir y seraient trop au large ;
Et que le drapeau sert au fusil que l'on charge ;

Que du sol des aïeux sort le meilleur de nous,
Et qu'il faut adorer la Patrie à genoux!
Vos mères, en pressant de baisers vos fronts roses,
De tant de pleurs versés vous rediront les causes.
Vous, enfants, notre espoir et notre cher souci,
Faites-vous regretter là-bas, bénir ici;
Et que la France, un jour, ou farouche ou sereine,
Retrouve en vous les fils d'Alsace et de Lorraine!

XXIII

LA FRONTIÈRE

A MON AMI ALFRED MÉZIÈRES.

Vers la crête des bois où le sentier serpente,
Lentement tous les deux nous montions une pente,
Le guide et moi. Malgré le matin vaporeux,
Dont la brume cendrait les lointains vigoureux,
Les sommets, par instants, semblaient rompre les nues.
J'admirais. Dans ce coin des Vosges inconnues,
Tout est surprise et charme inattendu. Mes yeux
Plongeaient dans ces vallons frais et silencieux,
Où le mélèze vert pousse dans le grès rose,
Et que de vingt réseaux cachés la source arrose.

« Vous aurez mieux plus loin ! dit l'homme, en me montrant,
Au delà d'un pin mort couché sur un torrent,
Un plateau de rochers moussus, formant terrasse.
Nous nous reposerons une heure à cette place.
Le poste est à côté. » Puis, aussi simplement :
« Nous serons, pour bien voir, en pays allemand. »
Ce ruisseau-là, c'était la nouvelle frontière :
Et l'on apercevait là-haut l'Alsace entière !

Je m'arrêtai, cloué sur le roc, sans parler,
Et je sentis mes yeux de larmes se voiler.
Je ne me croyais pas aussi près ! Mes pensées
Se remuaient en moi, fortes et courroucées.
L'Alsace ! — Je n'avais qu'à faire trois cents pas,
Pour la voir jusqu'au Rhin. — Eh bien, je ne peux pas !
Je te connaîtrai donc, supplice de Tantale !
Je ne franchirai pas cette ligne fatale :
Je ne l'ai pas voulu jusqu'ici. Le devoir
Est de songer toujours à ce sol, sans le voir.
Ici doit s'arrêter, pour un culte plus triste,
La curiosité frivole du touriste ;
Et c'est assez qu'un nom fasse saigner le cœur,
Sans qu'on aille chercher le casque du vainqueur.
Si ce guide banal, avec indifférence,
Dans un verre prussien boit notre vin de France,

Oubliant qu'à sa chair on a pris un morceau,
Libre à lui! C'est du sang qui court dans ce ruisseau.

Mon esprit aussitôt se livrant à son rêve,
Je crus saisir au loin, comme un vent qui se lève,
Des bruits confus de pas, des roulements de chars,
Les coups de feu pressés des francs-tireurs épars,
Et les râles des morts dans la paix matinale.
Comme dans la ballade, une chasse infernale,
Effrayant les rochers pareils à des manoirs,
Galopait follement sous les grands sapins noirs.
Et j'écoutais les sons que je croyais entendre.
L'homme s'était assis, peut-être sans comprendre.
A la fin : « Venez-vous? ou restez-vous en bas?
Reprit-il. — Retournons, dis-je; je n'irai pas! »

Et tel, parlant ainsi, s'expliquait mon visage,
Tel mon geste élargi chassant le paysage,
Tel l'accent douloureux et strident de ma voix,
Qu'il ouvrit de grands yeux, — et comprit, cette fois.

Gérardmer, 1880.

XXIV

« GERMANIA »

A MON AMI ERNEST DESJARDINS.

Le sémaphore a mis ses bras en mouvement :
Le port signale au large un navire allemand,
En charge de Hambourg, et qui vient faire escale.
Dans ses deux entreponts, et jusqu'à fond de cale,
Sont pressés, comme un vil troupeau, sur quatre rangs,
— Vous l'avez deviné déjà ? — des émigrants.
La misère a besoin d'un espoir chimérique :
Ils vont vers l'inconnu sans bornes, l'Amérique,
Vers le sphinx colossal qui les attire à lui.

Mais ces vainqueurs d'hier, sans patrie aujourd'hui,
N'ont qu'un désir farouche et dur, dans leur souffrance :
Voir le pays vaincu, voir un instant la France ;
Fouler ce sol, lancer des regards triomphants
Sur ce peuple blessé, — qui garde ses enfants ;
D'un souvenir hautain rappeler sa faiblesse,
Admirer ce qu'on hait, convoiter ce qu'on laisse ;
Le voir enfin, dût-on sentir, à son aspect,
Un mélange d'orgueil, de honte et de respect !

A l'horizon bientôt le ruban de fumée
Se rapproche, et, parmi la foule renfermée
Dans les flancs du navire énorme et frémissant,
La nouvelle a couru : « La France ! On y descend ! »

Alors on vit s'ouvrir la noire fourmilière :
En dépit du tangage, à l'avant, à l'arrière,
Douze cents passagers se massent sur le pont ;
A de lointains signaux la manœuvre répond ;
Jeunes, vieux, femmes, tous, interrogeant l'espace,
Dévorent à l'envi la falaise qui passe,
Et la terre où, par eux, sept mois, le sang coula,
Pour dire, en outrageant le passé : « La voilà ! »

Mais tout à coup, pareille à l'orageuse nue,
Une brume de mer vers la côte est venue,
Opaque, s'abattant sur les flots et le port,
A l'heure où le canot met un pilote à bord.
Dans cette humidité pénétrante et sans pluie,
L'air prend les tons fumeux et fauve de la suie ;
Tout disparaît : un voile hostile et ténébreux
Efface les contours et s'épaissit sur eux :
C'est le vide et l'horreur. Sur les caps qu'ils dominent,
Avec des feux pâlis les phares s'illuminent.
On est déjà trop près des bas-fonds pour ancrer :
La mer est dans son plein : alerte ! Il faut entrer !
Et, tandis qu'en sa tour la trompette marine
Gémit, bouche tragique et profonde poitrine,
Lentement le vaisseau, semblable au criminel,
S'avance dans la nuit, comme en un noir tunnel ;
Entre les bras ouverts que le port lui présente,
Il pousse, de profil, sa carène pesante
Et ses deux grands tuyaux, vaguement ébauchés
Dans la nuée obscure où ses mâts sont cachés ;
Et l'on entend grincer l'hélice et les cordages,
Et ronfler la vapeur pour d'obscurs abordages.

Sur le pont, la cohue ouvre les yeux en vain !
Morne comme l'exil, hâve comme la faim,

Elle sonde, obstinée en sa froide colère,
Le jour qui s'est enfui, la nuit que rien n'éclaire :
On dirait que l'abîme autour d'elle s'est fait.
Les plus anciens marins de la côte, en effet,
Ne se souviennent pas d'une brume si sombre,
Ni d'un navire au port ainsi bloqué par l'ombre !

Venu le soir, il est parti le lendemain,
Ayant à bord gardé son chargement humain,
Soumis au règlement, parqué, comme en capture,
Le long du quai désert où nul ne s'aventure,
Où de jaunes lueurs vacillent à vingt pas,
Et qu'on sait à portée, — et que l'on ne voit pas !

Avec le petit jour et la haute marée,
La vision sortit, comme elle était entrée,
Dans le brouillard, au son lamentable et perçant
De la bouche de cuivre, au large avertissant.
Un rayon de soleil, échauffant la nuée,
Eût suffi pour chasser la livide buée,
Et montrer dans l'azur l'éblouissant décor
Du rivage, et les fonds plus merveilleux encor :
Les mille mâts dressés dans la clarté vermeille,
Les grands quais où s'agite un peuple qui s'éveille,

Et toi, Seine, qui viens de la tête et du cœur,
Et le commerce immense, et le travail vainqueur,
Et ce fourmillement des hommes et des choses,
Et la France féconde en ses métamorphoses!

Mais non! Même au départ, ce tableau s'est voilé :
Rien n'a paru, rien n'a brillé, rien n'a parlé.
La cité, se drapant dans un linceul de brume,
N'a livré de son port que la boue et l'écume,
Et le flot souffletant la jetée avec bruit.

Ils voulaient voir la France : ils n'ont vu que la nuit.

Le Havre, 1878.

XXV

LE CODICILLE DE MAITRE MOSER

A MON AMI E. GOT,
de la Comédie-Française.

« Eh bien, maître Moser, on ne va donc pas mieux?... »

Le vieillard reconnut les voix, ouvrit les yeux,
Et sourit. Il voyait ses amis du village,
Ceux que le sol avait enchaînés, ceux que l'âge
Avait soumis de force au major allemand,
Mais qu'on savait toujours Français — mentalement.
Ils venaient partager une suprême étreinte
Avec l'aîné d'entre eux, une âme droite et sainte,

— Un homme enfin, — le seul de son nom qui restât :
Son dernier fils, sous Metz, étant mort en soldat.

— « Bon ! dit-il, vous voulez que ce vieux corps guérisse ?
Depuis mil huit cent trois, je n'ai plus de nourrice,
Et j'ai, depuis dix ans, connu de tels chagrins,
Que ce n'est pas l'adieu ni la mort que je crains !
Soyez les bienvenus. Causons. J'en ai la force :
Il court un peu de sève encore sous l'écorce.
Ne pouvant plus agir, je puis du moins parler,
Et régler le départ avant de m'en aller. »

Redressé dans son lit et reprenant haleine,
Il leur tendit les mains, sous son tricot de laine,
Et dit : « Vous êtes tous ici des amis sûrs ?
On peut parler d'espoir sans redouter les murs ?
En fait de testament, chacun a sa manière ;
Je veux vous confier ma volonté dernière :
Puis-je compter sur vous ? » Tous, d'un geste empressé,
— Comme autant de soldats, autour d'un chef blessé,
Recueillent gravement les ordres de sa bouche, —
Ils en firent serment, groupés près de sa couche.
D'ailleurs, ce n'était pas encor pour aujourd'hui ;
La récolte d'automne avait besoin de lui ;

Il vivrait! Le vieillard, triste, hocha la tête :
« Pour les choses d'argent la paperasse est prête;
Ce n'est pas de cela qu'il s'agit. Mes neveux
Sont en France : ils auront mon bien. » — « Si tu le veux,
Moser, — nos bras sont forts et nos volontés promptes,—
Nous soignerons tes champs, nous réglerons tes comptes;
Puis, nous te bâtirons une tombe à ton gré :
On y lira pourquoi tu n'as pas émigré,
Après tes enfants morts et l'Alsace perdue,
Et la France par toi jusqu'au bout défendue.
Sont-ce là tes désirs?... » — « Non, mes amis, merci!
De ces misères-là n'ayez point de souci.
Je veux être couché dans un coin de la terre,
Et rien de plus; mon nom tracé, sans commentaire;
Pas de fleurs sur le sol qui doit me recouvrir :
Le tombeau des vaincus n'est pas fait pour fleurir.

« Mais voici... — reprit-il, se faisant violence
Pour maîtriser son cœur, dans le profond silence : —
Plus d'un me survivra parmi vous, et longtemps;
Il en est qui vivront cinq ans, dix ans, vingt ans,
Et plus! Ceux-là verront la fin de ce martyre,
Ce que vous savez bien, ce qu'on ne peut pas dire,
Ce que nous rêvons tous dans nos nuits sans sommeil;
Ils verront, un matin, se lever ce soleil,

Et des Vosges au Rhin resplendir sa lumière !
Or, écoutez-moi bien. Je veux que vers la pierre
Sous laquelle bientôt vous coucherez mon corps,
Ceux que je vois ici, ceux qui vivront alors,
Quels que soient la saison, le temps, le jour et l'heure,
Sans tarder un moment, laissant là leur demeure,
Accourent haletants ; puis, l'aîné d'entre vous,
— Peut-être il sera seul ! — se mettant à genoux,
Sur mon petit tombeau se penchera, s'il m'aime ;
Et, des lèvres, pressant la terre à l'endroit même
Où posera ma tête, et, m'appelant trois fois :
« Moser ! » de tout son cœur, de sa plus forte voix,
Sans me raconter rien, et sans phrase banale,
Sans comment ni pourquoi sur la crise finale,
Soulevant d'un seul cri le poids qui m'étouffait,
Me dira simplement : « Moser ! Moser ! C'est fait ! »

Gérardmer, 1880.

XXVI

LE GRAND OCTOGÉNAIRE [1]

(1802-1882)

A VICTOR HUGO.

I

« Ce siècle avait deux ans... » La loi mystérieuse
Qui choisit le sillon où germera l'esprit
Voulut, ô Besançon, te faire glorieuse,
Et pour ce grand berceau ce fut toi qu'elle prit.

---

1. Vers lus par l'auteur, chez Victor Hugo, le 26 février 1882, à l'occasion de ses quatre-vingts ans, et récités le lendemain par madame Marie Laurent à la représentation extraordinaire du théâtre de la Gaîté.

Aux fentes du rocher tomba la graine obscure
Que le vent de l'orage emportait dans son sein :
Et l'heure où s'éveilla la frêle créature
Sonna comme pour tous, au lieu d'être un tocsin !

Et, tandis qu'hésitait au seuil l'être débile,
Sans doute épouvanté du poids à soutenir,
On entendit, la nuit, comme un chant de sibylle,
La strophe prophétique évoquer l'avenir :

II

« Enfant, qui n'as, à ta naissance,
Ni force, ni regard, ni voix,
Nulle voix n'aura ta puissance,
Nul ne verra ce que tu vois !
Dans le passé jetant la sonde,
Tu feras jaillir le vieux monde
Des abîmes de ton cerveau ;
Devant toi regardant sans trêve,
Tu feras surgir de ton rêve
Les plages d'un monde nouveau !

« Tu chanteras : tu seras l'âme
Et l'orchestre d'un siècle entier !

Hors de l'ornière qui réclame,
Ton char luttera sans quartier.
Par toi fondue et reforgée,
Et dans ses sources replongée,
Pour le plus merveilleux écrin,
La poésie éblouissante
Dans ta fournaise incandescente
Fera bondir l'or et l'airain !

« Pour créer ton vaste génie
J'ai pris aux cimes leur grandeur,
J'ai pris aux flots leur harmonie,
J'ai pris aux bois leur profondeur !
J'ai pris ses colères à Dante,
A Shakspeare son âme ardente,
A Corneille ses fiers dédains,
A Memphis ses granits énormes,
A la Grèce toutes ses formes,
A l'Orient tous ses jardins !

« Tout ce qu'un siècle qui commence
Porte en ses flancs de vérités,
Tout ce qu'il contient de semence,
Tout ce qu'il promet de clartés :

Ses ferveurs et ses anathèmes,
Doutes, religions, systèmes,
Devoirs, formules de demain ;
Les passions et les souffrances,
Les deuils avec les espérances,
Patrimoine du genre humain ;

« Roman, satire, ode, épopée,
Passé vaincu, drame vainqueur,
Combats qu'on soutient par l'épée,
Combats qu'on livre avec le cœur ;
Les empires, les républiques,
Les guerres et les bucoliques,
Les convulsions des cités,
Les dévouements, les forfaitures,
Les idéales aventures,
Et les mornes réalités :

« Tout rendra des sons sur ta lyre !
De tout ce qu'un monde pressent,
De tout ce qu'il crie ou soupire
Deviens l'écho retentissant !
Avec tes chants, avec ta gloire,
On pourra fixer notre histoire

Dans ses splendeurs et ses revers ;
Et nulle part le bruit des armes,
Nos grandeurs, nos hontes, nos larmes,
N'auront vécu mieux qu'en tes vers ! »

III

Ainsi, près du berceau, parlait la Voix dans l'ombre :
Et les jours ont coulé, cruels ou bienfaisants ;
Et la France attentive en a compté le nombre,
Et l'enfant, — roseau grêle, — a ses quatre-vingts ans !

Poëte, tu survis à tous ceux de ton âge ;
Te voilà debout, ferme, et ton vaisseau surnage
Au gouffre où sont tombés tant de grands naufragés.
Et, — ce qui n'est donné qu'à de rares génies, —
Tu sens vibrer un peuple en toi, tu communies
Avec tous, — mais surtout avec les affligés !

Et ta gloire a si bien triomphé de l'envie,
Tu planes d'un tel vol au-dessus de la vie,
Témoin tout dégagé des brumes de nos jours,

Que nulle passion à ton nom ne s'anime,
Et qu'on te laisse entrer dans ton rêve sublime,
Sans en troubler l'azur, ni limiter le cours !

Et, loin que l'âge ait pu, comme à d'autres, te prendre
Le sens de tout aimer, — car aimer, c'est comprendre !—
Loin que l'ombre du soir ait assombri ton front ;
Loin que, pour le trajet pâle et crépusculaire,
Ton âme ait conservé quelque vieille colère,
Envenimant la haine ou réveillant l'affront :

L'apaisement dernier t'a repris sans partage ;
En toi tout s'est calmé chaque jour davantage ;
Tout devient lac d'argent, clair azur, flot dompté.
Ton coucher de soleil semble une aube nouvelle ;
On dirait que la loi du monde te révèle
Toujours plus de douceur, toujours plus de bonté !

IV

Majestueux vieillard, vis, parle, continue !
Poursuis ton rôle auguste en regardant la nue !

S'il faut aller surtout aux humbles, aux petits,
C'est toi qui nous l'apprends, c'est toi qui nous le dis.
Des fibres de ton cœur on entend chaque corde
Chanter la paix, chanter le pardon, la concorde.

Tout ce que nous aimons, tout ce qu'on a sauvé,
Tu l'as aimé d'abord, tu l'as d'abord rêvé !
Oh ! ne te lasse point, dans la fièvre où nous sommes,
D'attiser le foyer d'amour parmi les hommes !
D'autres diront de toi : « Salut ! ô travailleur
Toujours plus grand ! » Et moi je dis : « Toujours meilleur ! »
On voit, dans la lueur de tes claires prunelles,
Passer et repasser des choses éternelles :
Ton immortalité s'abreuve d'infini !

Vis ! Sois longtemps encor le poète béni !
Commande encore au cours des ans qui se déroule !
Entends monter toujours les respects de la foule !
Ayant ouvert le siècle, à toi de le fermer,
Pour dire jusqu'au bout comment il faut aimer !

XXVII

LOUIS PASTEUR [1]

A SA PETITE-FILLE CAMILLE VALLERY-RADOT.

I

Chère France, les vents du Nord ni les orages
N'ont épargné ta terre aux profonds labourages;
    Nos récents souvenirs sont lourds!
Nous avons bien payé l'espérance trop prompte :
On a saigné tes flancs, on a payé ta honte,
    On a compté tes mauvais jours!

---

1. Vers récités par M. Coquelin, au grand Festival donné dans la salle du Trocadéro, en faveur de l'Institut Pasteur, en présence de Pasteur et de sa famille, le 11 mai 1886.

La guerre a décimé tes enfants ; la défaite
A laissé pour longtemps ton âme stupéfaite,
    Et tourné tes regards ailleurs ;
La mort a tour à tour saisi, d'un geste avide,
Comme pour déblayer la scène qui se vide,
    Les plus vaillants et les meilleurs !

Hier encore, la voix du siècle, hélas ! muette,
Faisait un grand silence au tombeau du poète ;
    Ton front semblait découronné ;
Et ceux qui, dans le mal, prophétisent le pire,
Regardant devant eux, étaient tentés de dire,
    Devant ton sol tout moissonné :

« Où donc est sa grandeur ?... Où se fait son histoire ?... »
— Elle se fait là-bas, dans ce laboratoire,
    Où l'univers est suspendu ;
Où grave et simple, un homme, acharné sur sa tâche,
Engage avec nos maux un duel sans relâche,
    Et nous rend tout l'honneur perdu !

Rien ne l'a détaché de l'œuvre commencée :
Et des deux infinis où se perd la pensée,
    Il a choisi, s'y renfermant,

Celui qui, dans l'impur recoin de la cellule,
S'agite en bataillons effrayants, et pullule
    Dans chaque goutte de ferment.

Il est là, tout le jour, depuis trente ans, sans trêve,
L'œil fixé sur l'atome, — et déjà sur son rêve ;
    Fouillant dans nos contagions ;
Il voit, dans cette nuit, dont il perce les voiles,
Germer les vibrions, comme ailleurs les étoiles,
    En incroyables légions !

Tenace observateur, il vous trouve, il vous somme,
— De la plante à la bête et de la bête à l'homme, —
    De vous trahir, fléaux, poisons ;
Comme des fleurs du mal, il soigne vos cultures ;
Il lit dans vos levains et dans vos pourritures,
    La loi même des guérisons.

Sans mesurer le temps ni les forces humaines,
Il est là, recueillant, notant les phénomènes,
    Aspirant ces souffles malsains ;
Frappé, mais non vaincu ; ne demandant à vivre
Que pour lutter encore et toujours, et poursuivre
    Le dernier de ses grands desseins :

Tandis que, des caveaux cachés sous sa retraite,
A peine s'il entend, d'une oreille distraite,
    Monter d'épouvantables voix,
— Cri rauque, son plaintif, aboiement qui pénètre,
Et dont la note met un frisson dans tout l'être,
    Pour l'avoir perçue une fois!

II

La rage! — Son nom seul est comme une morsure!
Dans le sang et les nerfs, d'une route trop sûre,
    Le virus glisse longuement;
Et tout à coup, séchant la gorge, étreignant l'âme,
Mettant l'angoisse au cœur, où s'allume une flamme,
    Il tue avec un hurlement.

Qui nous dira pourquoi la Nature, — ô mystère! —
Voulant inoculer ce mal qui nous atterre,
    T'a pris surtout, bon chien joyeux,
Compagnon sans pareil, dont les folles caresses
Disent tous les désirs et toutes les tendresses,
    Dont les yeux plongent dans nos yeux?

Quand tu bondis vers nous et quand tu nous fais fête,
Pourquoi rendre suspect ton pauvre amour de bête
    Et ta vieille fidélité?
Du logis familier serviteur ordinaire,
Pourquoi, le plus soumis et le plus débonnaire,
    En es-tu le plus redouté?

Sans qu'il ait dans l'esprit l'effroyable peut-être,
Désormais tu pourras lécher la main du maître,
    Heureux aussi de te choyer;
Et le petit enfant pourra jouer sans crainte, —
Si la dent sur son doigt marque sa rose empreinte, —
    Avec l'épagneul du foyer :

Car dans son officine aux étranges étables,
Dosant dans leurs flacons ces monstres redoutables,
    Il a — le sublime éleveur —
Accompli lentement son labeur solitaire,
Fait du virus mortel un ferment réfractaire,
    Du mal qui tue un mal sauveur!

Un jour, on contera que, penché sur la planche,
Lui-même au chien hurleur il prit sa bave blanche,
    Pour y mieux scruter l'affreux mal :

Et l'artiste inspiré, fixant cette conquête,
Peindra le formidable et divin tête-à-tête
    Du grand homme et de l'animal !

III

Et la France aussitôt a grandi dans le monde,
Tant la victoire était en promesses féconde !
    Soudain, de partout amenés,
Pareils au pâle essaim des infernales ombres,
On vit se dérouler, en longues files sombres,
    Vers le salut, tous ces damnés !

Ils viennent, les mordus, en troupes effarées,
Du Nord et du Midi, des neigeuses contrées
    Où chiens et loups ont faim l'hiver ;
Les steppes nous cachaient d'atroces bucoliques,
Et le croc furieux des bêtes faméliques
    Est resté parfois dans la chair !

Ils viennent, plus nombreux toujours,— spectacle unique !
Ils ont foi. C'est en vain que le doute ironique
    Veut troubler leur farouche espoir.

Et lui, de l'avenir attendant son salaire,
Trop haut pour ressentir l'orgueil ou la colère,
 Suit son chemin, sans s'émouvoir!

IV

Et maintenant, savants, chercheurs, allez! Courage!
Hier, c'était le charbon; — aujourd'hui, c'est la rage;
 Demain, qui sait?... Tout est nouveau!
L'infiniment petit entr'ouvre ses ténèbres;
La bataille s'annonce, et vos luttes célèbres
 Iront des membres au cerveau.

Aux foyers empestés où l'atome est un monde,
Arrachez leur mystère, et descendez la sonde
 Dans les horreurs de ce fumier!
Si Dieu garde la mort, il reste assez de marge :
De l'enfant au vieillard, la place est encor large!
 Soyez bénis, — toi, le premier.

Ah! comme on comprend bien que ce rêve te tente!
Quel triomphe entrevu dans la chair palpitante!
 Quels rayons dans l'abîme obscur!

De tous ceux qui, prenant corps à corps nos misères,
Ont refusé de croire à des maux nécessaires,
    Nul n'a marché d'un pas plus sûr.

Pour le long sacrifice ou la courte souffrance,
Les cœurs sont toujours prêts, dans ce pays de France :
    Les héros ne se comptent pas !
Mais, loin du champ de mort que l'honneur glorifie,
Il est temps d'agrandir enfin le champ de vie :
    Ce sont là les futurs combats !

Les offrandes du monde à peine y vont suffire,
Car la science est jeune, et l'infini l'attire.
    Le but marqué n'est pas douteux :
Et, dans l'œuvre de Dieu, que l'homme calomnie,
Ceux-là sont les plus grands qui font, par leur génie,
    Reculer la mort devant eux !

TABLE DES MATIÈRES

I

POÈMES POPULAIRES

Avertissement de la première édition....................	3
× I. — La robe...	7
II. — L'aveugle.......................................	13
III. — La petite chanteuse............................	19
× IV. — L'école.......................................	22
V. — Rachat...	25
VI. — Le soufflet....................................	27
VII. — La place du pauvre............................	30
VIII. — La bien-aimée de l'ouvrier...................	33
× IX. — Le dernier salut..............................	36
X. — La mère et l'enfant............................	38
XI. — La mort du saltimbanque......................	42
XII. — Orgue de Barbarie............................	53
XIII. — Les deux âmes...............................	55
× XIV. — Le vieux paroissien.........................	61

XV.	— La plaie................................	64
XVI.	— Les condoléances de Beethoven.........	66
XVII.	— Champ de Mars......................	73
XVIII.	— Un passant.........................	75
XIX.	— La prière..........................	79
XX.	— Fleurs d'orange.....................	80
XXI.	— La lie.............................	83
XXII.	— Le premier sourire..................	86
XXIII.	— Les peureux........................	92
XXIV.	— Le modèle.........................	94
XXV.	— La sœur grise......................	101
XXVI.	— Histoire d'un conte.................	106
XXVII.	— La fille aux bobines................	111
XXVIII.	— Sommeil...........................	116
XXIX.	— Le lis blanc........................	118
XXX.	— La part de l'amour.................	120
XXXI.	— Mythologie........................	123
XXXII.	— Caïn et Abel.......................	128
XXXIII.	— La prière des folles................	133
XXXIV.	— La rixe............................	141
XXXV.	— L'eau qui dort.....................	144
XXXVI.	— Le derviche........................	150
XXXVII.	— Requête...........................	152
XXXVIII.	— Le nid............................	154
XXXIX.	— Les nuages........................	156
XL.	— Le spectre.........................	160
XLI.	— Dialogue..........................	162
XLII.	— Le comptoir.......................	164
XLIII.	— Villanelle..........................	168
XLIV.	— L'enfant martyr...................	172
XLV.	— La promenade.....................	176
XLVI.	— Cauchemar d'hiver.................	179
XLVII.	— Tarda libido.......................	187
XLVIII.	— Le crime des servantes..............	189
XLIX.	— Le credo du pauvre homme..........	196
L.	— La jalousie de la vieille.............	199

TABLE DES MATIÈRES.

LI.	— L'enfant au jardin	203
LII.	— Le poète des cafés	206
LIII.	— Chanson pour Alceste	215
LIV.	— La rupture	219
LV.	— Hauts fourneaux	229
LVI.	— Voyage	231
LVII.	— L'âme immortelle	236

II

PENDANT LA GUERRE

APRÈS LA GUERRE

Préface de la première édition		243
I.	— Alea	258
II.	— Pour les blessés (scène dramatique)	262
III.	— Les pigeons de la République	276
IV.	— Vision	281
V.	— La visite au fort	286
VI.	— Utopie	292
VII.	— La recherche	298
VIII.	— Bon jour, bon an!	303
IX.	— Défaillance	309
X.	— Chanson de mort	317
XI.	— Henri Regnault	319
XII.	— Rentrez chez vous	324
XIII.	— Samson	326
XIV.	— Le curé de Plouïzy	328
XV.	— L'obus	331
XVI.	— Les absents	336
XVII.	— Délivrance!	345
XVIII.	— Partis!	354
XIX.	— Le dernier délai	356
XX.	— Villégiature	362

XXI. — A nos hôtes.....................................	365
XXII. — Anniversaire.................................	370
XXIII. — La frontière...............................	376
XXIV. — « Germania »................................	379
XXV. — Le codicille de maître Moser............	384
XXVI. — Le grand octogénaire.....................	388
XXVII. — Louis Pasteur.............................	395

Coulommiers. — Imp. Paul BRODARD. — 242-97.

www.ingramcontent.com/pod-product-compliance
Lightning Source LLC
Chambersburg PA
CBHW071237240426
43671CB00031B/1019